ちくま学芸文庫

知性の正しい導き方

ジョン・ロック
下川 潔 訳

筑摩書房

目次

凡例

一　本書は、ジョン・ロックの作品'Of the Conduct of the Understanding'の全訳である。

二　底本としては、一七〇六年の『ジョン・ロック氏遺稿集』(*Posthumous Works of Mr. John Locke* [London: Printed by W. B. for A. and J. Churchill at the Black Swan in Pater-Noster-Row, 1706] に収められた'Of the Conduct of the Understanding'の復刻版であるJohn Locke, *Of the Conduct of the Understanding*, with a new Introduction by John Yolton (Bristol: Thoemmes Press, 1993) を用いた。この底本には、ヨルトンの序文 (pp. v-xiii) とロックが論じたトピックの一覧表 (pp. xv-xviii) が付いており、一七〇六年版の正誤表が示され、さらに若干の誤植も指摘されている (p. xix)。

三　訳出にあたっては、底本の基礎となったロック自身の二つの草稿 (MS. Locke e. 1とMS. Locke c. 28) や、後に刊行された全集版のテクスト'Of the Conduct of the Understanding', *The Works of John Locke* (Aalen, Germany: Scientia Verlag, 1963; repr. of the 1823 edition [London: printed for Thomas Tegg and others]), vol. 3, pp. 203-289も参照した。全集版では、底本の誤植が訂正され綴りが改められ、句読点の大幅な変更、とりわけコンマのセミコロンへの変更が見られる。単語の入れ替えや新たな誤植の追加もある。底本と全集版のテクストが意味の違いを示す場合には、訳注で両者の違いを明記し、MS. Locke e. 1 および MS. Locke c. 28 にあたった上で、最も適切だと思われる読み方を採用した。

四　四五節の後に「付録」として訳出した節「慣習」は、MS. Locke e. 1 のみに見られる。これは、底本にも、また現在までに刊行されたどの本にもない。

五　そのほかに参照した版の幾つかは、次の略号で示す。

G&T: *John Locke: Some Thoughts Concerning Education and Of the Conduct of the Understanding*, edited with introduction by Ruth W. Grant and Nathan Tarcov (Indianapolis/Cambridge: Hackett Publishing Company, 1996).

TF: *Locke's Conduct of the Understanding*, edited with introduction, notes, etc. by Thomas Fowler (Oxford: Clarendon Press, 1881).

YM: John Locke, *De la conduite de l'entendement*, traduction, introduction et notes par Yves Michaud (Paris: Librairie Philosophique J. Vrin, 1975).

六　見出しの節の番号に関しては、底本ではなく全集版のそれに従った。見出しに同じトピックが繰り返し登場する場合には、見出しの後に（その一）（その二）（その三）と記した。これは底本にも全集版にもない追加である。

七　底本原文におけるイタリック体は、ゴチック体で示した。ただし、原文では固有名詞とロックによる引用の箇所がすべてイタリック体になっているが、これをゴチック体で示すことはせずに、ロックの引用文のみを「　」でくくった。

八　聖書からの引用を訳すにあたっては、特定の日本語訳聖書に依拠することなく、複数の日本語訳聖書や英訳聖書を参照したうえで、ロック自身が用いた英語表現に最も近いものを採用した。
九　本文や訳注において、ロックの語句や文章を引用する場合には、ロック自身の綴りをそのまま用いた。名詞が大文字で始まったり、現代の英語の綴りとは異なるものが登場するのはそのためである。
一〇　（　）は、原文中にあったものをそのまま使用した。
一一　［　］は、訳者が原文の意味を分かりやすくするために補った。
一二　ダッシュは、原文にない場合でも、長い文章を読みやすくするために適宜挿入した。
一三　訳注や訳者解説の注で言及するロックの著作等は、略号で示した。略記号表を参照。

略記号表

E:　*An Essay concerning Human Understanding*, ed. Peter H. Nidditch（Oxford: OUP, 1975）. E の後にコンマを付け、巻、章、節の番号を示す。必要に応じて、ニディッチ版の頁数をアラビア数字で、大槻春彦訳『人間知性論』（一）―（四）（岩波書店、一九七二―七七年）の頁数を漢数字で併記する。

ELN: *Essays on the Law of Nature*, ed. W. von Leyden（Oxford: OUP, 1954）. ELN の後にコンマを付け、頁数をアラビア数字で記す。浜林正夫訳「ロック　自然法論」『世界大思

想全集　社会・宗教・科学思想篇2』（河出書房新社、一九六二年）の頁数は漢数字で併記。

H&L: *The Library of John Locke*, 2nd ed. by John Harrison and Peter Laslett（Oxford: OUP, 1971). ロックの蔵書目録である。該当する蔵書の番号を記す。

OED: *The Oxford English Dictionary (2nd edition) on Compact Disc*（Oxford: OUP, 1992).

STCE: *Some Thoughts concerning Education*, ed. John W. and Jean S. Yolton（Oxford: OUP, 1989). STCE の後にコンマを付け、節の番号を sec. の後にアラビア数字で記す。必要に応じて、ヨルトン版の頁数をアラビア数字で、服部知文訳『教育に関する考察』（岩波書店、一九六七年）の頁数を漢数字で併記する。

TOL: *Epistola de Tolerantia, A Letter on Toleration*, ed. R. Klibansky, trans. J. W. Gough（Oxford: OUP, 1968). ラテン語と英訳の頁数をアラビア数字で記す。『ラテン語・日本語対訳　ジョン・ロック　寛容についての書簡 Epistola de Tolerantia』レイモンド・クリバンスキー序、平野耿訳（朝日出版社、一九七〇年）の邦訳の頁数を漢数字で併記。

TRG: *Two Tracts on Government*, ed. & trans. Philip Abrams（Cambridge: CUP, 1967). 頁数をアラビア数字で記し、友岡敏明訳『世俗権力二論』（未來社、一九七六年）の頁数を漢数字で併記。

TT: *Two Treatises of Government*, 2nd ed. by Peter Laslett（Cambridge: CUP, 1970).『統治二論』の第一篇（前篇）をTT, Iとし、第二篇（後篇）をTT, IIと書き、その後に

コンマをつけて節の番号を記す。加藤節訳『完訳 統治二論』(岩波書店、二〇一〇年)の頁数は併記しないが、篇と節の番号によってこの邦訳を参照することができる。

WK: *The Works of John Locke* (Aalen, Germany: Scientia Verlag, 1963; repr. of the 1823 edition [London: printed for Thomas Tegg and others]). 巻数をローマ数字で、頁数をアラビア数字で記す。

ロックの著作やその他の文献から引用するにあたっては、邦訳の頁数を示した場合でも、既存の訳にそのまま従ってはいない。私が適切だと判断する訳をつけた。

知性の正しい導き方

間違った意見を保持したり、十分な探究なしに知覚され認識された事柄を少しも疑わずに擁護することほど、軽率で賢人の威厳と堅実さにふさわしくないことがあるだろうか。

（キケロ『神々の本性について』第一巻[1]）

第一節　はじめに

人間が自分自身を導くにあたって最終的に頼ることができるのは、自分の知性です。なるほど私たちは心の諸能力を区別し、あたかも意志が行為の主体であるかのように考えて、最高の指揮権を意志に与えます[2]。しかし実際には、行為主体である人間が、すでに知性の中にもっている何らかの知識や知識らしきもの[3]に基づいて、自分自身を決定し、あれこれの随意的行為[4]を行なうのです。誰でも、何らかの行為を始める場合には、自分にとって行為の理由となるような何らかの見解を必ずもっています。人がどのような能力を用いる場合でも、本人を絶えず導いてゆくのは、暗かろうが明るかろうが、ともかく知性が現にもっている光です。真であれ偽であれ、ともかくこの光が、本人のあらゆる活動力[5]を導きます。意志それ自体は、たとえどんなに絶対的で統制不可能のように見えても、知性の命令には必ず服従します[6]。神殿にはそれ特有の神聖な像があり、これが人類の大部分にどれほどの影響力を常に行使してきたかは、私たちの知るところです。しかし、実際には人々の心にある観念や像は、目に見えない力として絶えず心を支配し、いたるところで心をすぐ降伏させてしまいます。したがって、知性の扱いに十分配慮し、知識の追究や判断の形成[7]にあたって知性を正しく導いてゆけるようにしておくことが、最大の関心事になります。

現在使われている論理学は、諸学芸の研究において心を導く技術として学問の世界で教えられている唯一のものであり、大変長い間そのような地位を占めていました。論理学の規則は、二、三千年ものあいだ学者の世界に奉仕し、学者が欠陥があると不平を言ったこともないものです[8]。したがって、その規則によって知性を導くのでは十分でない、と疑念を表明すれば、おそらく新奇さをてらっていると思われるでしょう。そういう試みは、かの偉大なヴェルラム卿[9]の権威によって正当化されでもしなければ、虚栄心や思い上がりであるとして非難されるに違いありません。卿は、学問は何世紀も進歩しなかったのだから、過去のあり方を越えてもうこれ以上前進することはありえない、という奴隷的な考え方をしませんでした。過去の学問のあり方を、過去においてそうであったという理由で怠惰に是認したり賞賛して満足することもありませんでした。そうではなく、ヴェルラム卿は心を広げて学問のありうべき姿を考えました。論理学に関する書『ノヴム・オルガヌム』の序文で、卿は次のようにはっきり述べています[10]。「論理学にこれほど大きな役割を認めた人々は、知性を規則によって保護せずに、それを働くままに放置しておくのが安全でないことを、確かに見事に正しく見抜いていた。しかしながら、この治療法は病を根治することなく、むしろそれが病の一部分となってしまったのである。というのも、用いられたその論理学は、市民生活に関する事柄や、言論や意見に依存する技術においては十分役立つこともあるかもしれないが、自然の実際の働きの微細さには到底及ばないものだったからである。しかも、手が届かないところにあるものをつかまえようとしたために、それは真理への道を開くことなく、逆に誤謬の追認と固定化を助長してしまったのである」。こう述べた少し後で、卿はその結論を次のように述べています。「心と知性を使用するための、より優れたより完璧な方法を導入することが、ぜひとも必要である[11]」。

第二節　才能

人々の知性には、明らかに大きな違いがあります。なかには、生来の体のつくりが技術や勤勉では克服できないほどの大きな差を知性に生みだし、他の人たちが容易にできることを達成するだけの基礎を自分の生来の資質の中にもっていないように思われる人たちもいます。平等な教育を受けた人々の間に、⑫才能の大きな不平等があります。また、アテナイの学校だけでなくアメリカの森が、同じ種類の人間の中に異なった能力をもった人々を生み出しています。しかし、たとえ実際にその通りであるとしても、私が想像するに、大部分の人たちは、自分の知性をなおざりにしているために、それぞれ自分なりに到達しうる地点のはるか手前までしか到達していません。⑬この件については、わずかの論理学の規則があれば、最高の改善を目指す人たちにとってそれで十分である、と考えられています。しかし私は、知性には、矯正できるような多くの自然的な欠陥があり、それらが見過ごされ、全くなおざりにされているのだと思います。しかも、容易に看て取れることですが、人々は心のこの能力を使用し改善するにあたって多くの過ちを犯し、そのために自分の発展を阻害し、無知と誤謬のなかで一生を過ごしています。以下の論述で、私はそれらの過ちのいくつかに注意を向け、適切な治療法を示すつもりです[14]。

第三節　推論

人々は、確定された観念[15]をもたなかったり、媒介項となる観念を探し出して整然と並べるだけの鋭敏さをもっていなかったり、その訓練を受けていないことがあります。しかし、そのほかに自分の理性[16]に関して、三つの過ちを犯してしまいます。これによって理性という能力は、その役目や目的を果たすことができなくなります。人間一般の言動を反省する人は、この種の欠点がかなり頻繁に観察されることに気づくでしょう。

1．第一の過ちは、およそ理性的推論などすることもなく、他人の例にならって行動し考える人たちに特有です。そういう人たちは、自分自身の力で考え検討するという労苦を避け、両親や隣人や牧師、その他誰でも自分の好きな人を選び、その人の言うことを信じきってしまいます。

2．第二の過ちは、理性の代わりに情念を用いる人たち、しかも、情念こそが自分の行為や議論を支配すべきだと決め込み、自分の理性を用いることも他の人たちの理性に耳を傾けることもせず、ひたすら理性を自分の気質や利害や党派の都合に合わせるだけの人たちに見られます。この種の人たちを見ていると、彼らはしばしば、いかなる判明な観念[17]とも結びついていない言葉に満足しています。もっとも、自分たちが偏見のない中立的態度で接する別の事柄に関しては、理性に対して素直[18]になることを阻むような隠された欲求をもっていなければ、彼らは理性的に語り、理性の声に耳を傾ける能力をもっているのです。

3．第三の種類の過ちは、誠実に理性に従う用意はありながらも、**幅広い、健全な、調和のとれた感覚**とでも言うべきものを欠いており、そのため当面の問題に関連があり、問題の解決にとって重要かもしれないすべての事柄を十分に見通せない人たちに見られます。私たちはみな近視眼的で、実にしばしば問題の一面しか見ていません。私たちの視界は、その問題に関連するあらゆる事柄には及びません。この欠陥をもたない人はいないと私は考えます。私たちは部分的にしか見ず部分的にしか知らないのですから、そのような部分的見解から正しくない結論を出したとしても不思議ではありません。この点を考えると、自分の才能にひどく自惚れているような人物でも、ほかの人たちと話をし相談することがどれほど有益であるかわかるでしょう。たとえ、自分よりも理解の能力や速さや洞察の点で劣っている人たちに相談したとしてもです。というのも、誰も全体を見渡せませんし、一般に私たちは、どこから、つまりどのような位置から対象を見るかによって、同一のものについて違った眺めを得るからです。したがって、自分は見逃してしまったけれども、もし自分の心にはいってきたとしたら理性が採用しただろうと思われる考えを、誰かほかの人がもっていないだろうか、と考えてみることは矛盾したことではありません。また、そう考えたとしても、誰も身分を落とすことにはなりません。推論の能力がそれを信頼する人たちを欺くことは、まずありません。推論の帰結が基礎から導き出されたものならば、それは明らかであり確実です。しかし、常にではないにしても最も頻繁に私たちが誤りに導かれるのは、次の場合です。すなわち、私たちは推論を基礎づける根拠を諸原理から導き出しますが、その諸原理が部分的なものでしかなく、推論を正当かつ正確なものにするために必要とされる何かを除外してしまう場合です。ここで、天使や分離した諸霊(19)が、私たちと比べてはるかに大きな、ほとんど無限に近い利点をもっていることを想像してみるとよいでしょう。天使や諸霊は私たちよりも数段は上位にいて、より包括的な能力を授けられているかもしれないのです。そういう存在者のなかには、考慮の対象となるすべての有限の存在者について完全かつ正確な見解をもち、それらの間に成り立つ疎遠で無限に近い関係のすべてを、言わば瞬時に推論しうるものもおそらくいるでしょう。心がこのような力を備えていれば、自らの結論の確実性を静かに受け容れるような、実にすばらしい理性をもっていることになります。

研究と思索をする人たちの中には、正しく推論し真理を愛し求めながらも、真理の発見においてなんら大きな進歩を示さない種類の人たちがいます。彼らの心のなかでは、誤謬[20]と真理が不確実な仕方で混ざりあっています。彼らの決定は、釣り合いがとれておらず弱々しく、彼らの判断は実にしばしば誤っています。その理由もこれでわかります。それは、彼らが一種類の人たちとしか会話をせず、一種類の本しか読まず、一種類の考え方にしか耳を傾けようとしないからです。太陽が輝き、そして彼らが結論するように昼の光によって祝福される知的世界において、彼らはゴシェン[21]のような小さな地域を自分の領土として分割し、他方では、その広大な宇宙の残りの部分を夜と暗闇の支配に任せそこに近づくのを避けます。これが彼らのありのままの姿です。そういう人たちは、どこかの小さな川を使って、勝手のわかった相手と魅惑的な交易をします。彼らはそこに閉じこもり、その地域のお気に入りの製品や特産物については、十分腕の利く支配人になります。自然が世界の他の地域に蓄えた富は、彼らの小さな地域で豊富にたっぷりと手にはいり賞賛される富と同じように、純正で堅固で有益なものですが、彼らはそのような富を探し求めて知識の大海に乗り出そうとはしません。彼らにとっては、自分たちの小さな地域に、世界中のありとあらゆる良いものがあるのです。こういう人たちは自分だけの狭い地域に閉じこもり、偶然や自惚れや怠惰による探求の制約を越えて外に目を向けようとはせず、他の人たちの考えや言説や成果から切り離されて暮しています。彼らは、大海によって地球上の居住可能な地域と一切の交信を遮られ、そのために自分たちを世界唯一の民族であると考えたマリアナ諸島[22]の住民にたとえられるでしょう。彼らの生活で使われた物はかつてはごく狭い範囲にしか及びませんでした。やがてスペイン人たちがアカプルコからマニラに航海した際に火をもたらしたのですが、それまでは彼らは火を使用することすらありませんでした。ところが、ほとんど何ももたず何も知らなかったにもかかわらず、彼らはスペイン人たちが自分たちの知らないような学問、技術、生活用品を豊富にもっている諸国のことを伝えた後になっても、自分たちを世界で最も幸福で賢い民族だと考えていました。しかし、だからといって彼らが深遠な博物学者であるとか、堅固な形而上学者であるなどとは誰も考えないでしょう。彼らのなかの最も鋭敏な人ですら、倫理学や政治学においてたいして開明された見解はもっていないと誰もが考えます。逆にまた、彼らのうちの最も有能な人たちは、自分の島と交易の相手である近隣の島々のわずかの事物に関する知識を超えていかなる知識ももちうるほどに知性を発達させているけれども、真理に捧げられた魂の美しさを引き立たせるような心の全面的拡大[23]、すなわち文字の力を借り、多種多様な思考をもった人間の異なる見解や感情を自由に考察することによって生じる、あの心の全面的拡大にはまだ至っていないのだ、と考えるわけにもいきません。誰でも真理の全体を見たいと口では言いますが、以上のことから、それを見たいと思う人たちが自らの眺望を狭めたり閉ざすことを許してはいけないのだということが分かります。自分が研究している学問や自分が読んでいる本のほかには、どのような真理も存在しない、と彼らに思わせてはいけません。ほかの人たちの考えをよく調べずに予断によって眺めるのは、その考えの闇の部分を示すことではなく、私たち自身が眼を失い、失明してしまうことに等しいのです。「あらゆるものを試し、良いものをしっかりと保持しなさい」というのは神の規則であり、光と真理の父から授かったものです。[24] ちょうど金や隠された財宝を探す時のように、[25] 掘って探し求める以外に真理に到達してそれをつかむ方法はないと思われます。しかし、そうする人は純正の金を手に入れるまでに多量の土やがらくたを掘り起こさなくてはいけません。普通は砂や小石やくずがそれと一緒に混ざりあっているのですが、それでも金であることには変わりなく、その金を苦労して探し求めて他の物から分離すれば、その人は富みます。混ざりあっているから騙されるという危険性もありません。人は誰でも自分のなかに試金石をもっており、それを使うつもりならば、本物の金とぴかぴか光るただの金属、つまり真理と見せかけを識別することができます。ここで言う試金石とは、生まれながらの理性のことです。その理性の効用や利益は、先入見をもっていたり、思い上がった傲慢な態度をとったり、心を狭めたりするだけで損われ失われてしまうものです。理解可能な事柄について、私たちのこの高貴な能力をその限度まで十分に行使しないことが、その能力を弱め消滅させる原因なのです。この点を調べて、そうでないかどうか確認してみましょう。地方の村の日雇い労働者[26]は、人間交際も能力の活用も乏しいような、狭い境界の中に自分の観念や考えを閉じこめてきたため、通常わずかの知識しかもっていません。地方の町の職工はこれよりも少しましであり、大きな町の運搬人や靴修理職人は、職工よりは多くの知識をもっています。地方の紳士はどうかと言えば、ラテン語を修め大学教育を終えた後は、自分の邸宅に移り住み、狩猟と酒のボトルばかりを賞味している同じ血筋の隣人とつきあいます。その紳士は、そういう人たちとだけ時を過ごし、そういう人たちとだけ会話を交わし、クラレット[27]や放蕩で勢いづいた会話より高いレベルの話をする仲間には、とうてい耐えられません。私たちが知っている通り、このような幸福な教育法で育てられた愛国の士は、自分の財力と党派の力で顕著な地位に昇進すると、四季裁判所[28]の席にすわって必ず注目すべき判決を下し、自分の政治的力量を示すような目立った証拠を残すものです。このような人物と比べるならば、実際コーヒーハウスでロンドンのシティ[29]の情報をかき集めるありきたりの人間の方が、巡回政治家なのであり優れていると言えます。それは、ホワイトホール[30]や裁判所に精通している人間が、ありきたりの商人よりも優れているのと同じです。さて、もう一歩先に進めてこの問題を考えてみましょう。ここにひとりの人がいます。その人は、自分が属しているセクトの熱狂ぶりと無謬性にすっぽり包まれたまま、一冊の本にも手を伸ばそうとせず、自分にとって神聖である事柄を少しでも疑問視する人とは議論しようとしない、と仮定しましょう。もうひとりの人は、宗教における様々な相違を平等かつ公平な中立的態度で調査し、おそらく、どの宗教もすべての点において非の打ちどころがないわけではないことに気づくと仮定しましょう。このような宗教上の区別や体系は人間によって作られたものであり、それらには可謬性の刻印がついている［と彼は考えます］。自分が意見を異にし、目が開かれるまでは概して偏見をもっていた宗派や体系の中に、かつては気づかずあるいは想像することもできなかったが、案外支持できる数多くの事柄が含まれている、ということを彼は見出すのです。さて、この二人が宗教上の論争をするとすれば、どちらが正しい判断を下し、どちらが、誰もが標榜するあの真理をより多く蓄える公算が大きいでしょうか。私が例としてあげた以上の人たちは、皆このように不平等な仕方で真理を身につけ知識を獲得するわけですが、彼らは生まれながら平等な才能をもっているのだと私は思います。彼らは情報を収集し、自分の頭脳を様々な観念や考えや観察で満たし、それに関して心を働かせ、知性を形成してゆきますが、彼らの間の差はどれも、どれほど広範囲に知性を用いたかに由来します。

一体このような条件を満たすような人がいるだろうか、と反論する人もいるかもしれません。これに対しては、予想以上に多くの人たちが条件を満たす、というのが私の答です。誰でも自分のなすべき仕事が何であるかを知っていますし、誰でも、自分がどれほどの人物になるかによって、世間の人々が自分にそれ相応の期待をかけてくることを知っています[31]。そうして、誰でも、狭い精神にとらわれ、手にはいる手段を自分から放棄しない限り、その期待に応えるような備えをする時間と機会はもっているものです。優れた地理学者になるために、地球上のあらゆる山や川や岬や入江を訪ね、あらゆる所で購買人のように建造物を眺め土地を測量しなくてはならない、と言っているのではありません。それでもやはり、たびたび小旅行に出かけ国中行ったり来たりしている人の方が、挽き臼をひく馬のように同じトラックをぐるぐる回ったり、お気に入りのごくわずかの野原の境界内に留まっている人よりも、その国のことをよく知っていることは誰もが認めざるをえません。あらゆる学問における最良の書物を調べ尽くし、哲学と宗教のいくつかの派の最も重要な著者が言っていることを学ぼうとする人は、最も重要で包括的な諸問題に関する人類の見解を知ることが果てしない仕事だとは考えません。これくらい幅広く、本人に自分の理性と知性[32]の自由を行使させてみれば、その人の心は強化され、許容力は拡大され、諸能力は改善されるでしょう。しかも、遠く離れて分散していた真理の諸部分が相互に光を与えあい、これが本人の判断を助けますから、その人の判断がひどく的外れになることはなく、明晰な頭脳や包括的な知識をもっていることをいつでも証明できることになります。少なくとも私の知る限り、これが、知性をその能力の限度まで改善するのにふさわしい唯一の方法です。また、この方法によってのみ、この世で最もかけ離れた二つの事柄、つまり屁理屈屋であることと理性的人間であることを識別することができます。このように心を飛翔させ、広範囲にあらゆる部分を調べ真理を探究する人だけが、自分が思考するすべての対象についての確定された観念を、自分の頭脳の中に確実に定着させるはずです。こういう人だけが、他人の著作あるいは他人との言論から受け取るあらゆる事柄について、確実に自分自身で判断し、偏見のない仕方で判断することができます。崇拝や偏見によって、他人の意見のどれかが美化されたり貶《おとし》められるのを許してはいけません。

第四節

練習と習慣

私たちは、ほとんど何でもできるくらいの能力や力をもって生まれています。少なくとも、ちょっと想像できないようなことを成し遂げてしまう程度の力をもっています。何事においても私たちが力量と技術を獲得し完成へと向かうのは、これらの力の行使によってでしかありません。

同じように均整のとれた体をもち、同じようにしなやかな関節をもち、少しも劣ることのない生来の才能をもっているとしても、紳士の身のこなしや言葉使いを中年の農夫に学ばせるのはまず無理でしょう。ダンス教師の脚や音楽家の指は、自然に、思考せず苦労せずして、規則的な賞賛すべき運動へと、いわば落下してゆきます。彼らに役割を交換するよう命じたら、努力しても、慣れない手足に同じような運動を生み出すことはできませんし、同じような技能を少しばかり身につけるのにも、長い時間と多くの練習が必要になります。綱渡り師や曲芸師は、どうやって自分の体で、あのように信じがたい、目をみはるような動作をするのでしょうか。ほとんどすべての手仕事において、同じようにすばらしいものが色々見られますが、ここでは、世間がすばらしいと注目し、その証拠に料金を払って見ているものを挙げてみたまでです。このようなすばらしい運動は、練習をしない見物人にできることではなく、彼らがほとんど考えもしないことです。これは、目をみはる見物人たちと特別違ってもいない身体をもった人間が、ただ慣れと勤勉によって生み出した成果にほかなりません。

身体と同じことが、心についても言えます。心の現在のありようは、訓練によって決まります。自然の恵みと見なされる卓越した資質ですら、もっと詳しく調べてみれば、その大部分が訓練の産物であり、動作の繰り返しによってそのような高みに達することになったことがわかります。感じのよい冗談を言うのに秀でた人もいれば、教訓話や適切で愉快な話をするのに秀でた人もいます。これは純粋な自然がもたらした結果であると考えられがちです。しかも、どちらに秀でている人も、それを規則によって身につけたのではなく、それを学習すべき技術として一度も意識的に研究しようともしないので、なおさらそのように考えられます。確かに、初めに運よくヒットし、褒められたことが励みとなって何度も試みるようになり、自分の思考と努力をその方向へと向け、とうとう、いつのまにか、やり方を意識せずにやすやすとやってのけるようになる、ということが実際起こります。

しかし、このようなことは完全に自然の仕業だとされていますが、実際には、それよりもずっと慣れと練習があってできたことなのです。自然の性向がしばしばそれを最初に引き起こすことを私は否定しませんが、慣れと訓練がなければ、決して大したことはできません。練習だけが、身体の諸力と同様、心の諸力を完成させるのです。多くの詩人的気質が生業の中に埋もれていますが、改良が加えられないのでそれは何も生み出していません。私たちは、法廷と大学では、同じ事柄に関してすら話し方や推論の仕方が大変違っているのを知っています。ウェストミンスターホールから証券取引所まで[33]歩くだけで、人々の話し方が違った雰囲気や傾向をもっているのがわかります。しかし、だからといって、シティで過ごすことになった人たちが、大学や法曹学院[34]で育った人たちとは違う才能をもって生まれたと考えるわけにはいきません。

　こういうことを言うのも、人々の知性と才能の差がはっきりしているにもかかわらず、その差は彼らの生来の能力からではなくむしろ後天的な習慣から生じる、ということを示すためにほかなりません。五十歳を過ぎた田舎の垣根修理人を素敵なダンサーにしようとすれば、笑われます。きちんと推論したり立派に話すことに慣れていない人に、その歳で訓練をしようとしても、大した成果は得られません。論理学や雄弁術の最上の規則をすべて集めて彼に見せたとしても同じことです。規則を聞かせたり記憶させたとしても、誰にも大したことを達成させることはできません。むしろ、規則のことを考えなくても行為するという習慣を、練習によって身につけねばなりません[35]。正しい推論を示す一連の規則によって、首尾一貫した思想家や厳密な推論家を育てることができるくらいなら、絵や音楽といった芸術においても、講義や教授によって優れた画家や即興音楽家を育てることができていいはずです。

そういうわけで人々の知性の欠陥や弱さは、彼らの他の能力と同様に、自分自身の心を正しく使用する機会がないために生じます。私の考えでは、しばしば人々は生まれつきの欠陥のせいでないことをそのせいにし、実際には才能を適切に伸ばす機会がないからであるのに、才能がないからだと不平を言っています。取り引きをする時には実に巧みで鋭敏であるのに、宗教の問題について理性的に話すとなると、全く何もわかっていないような人たちを、私たちはよく見かけます。

第五節　観念[36]（その一）

　ここでは知性を正しく導いて改善することが問題です。したがって、明晰で確定された観念[37]を獲得することや、私たちの行なう思考が、それらの観念に付けられた音声ではなく観念そのものを対象とするということについて、繰り返し述べることはしません。また、私たちが真理を自分で探究したり、真理について他の人と語り合う際に用いる言葉の意味を確定することについても、繰り返しません。知識の追究において知性が出くわすこのような障害については、私は別のところで十分論じておきました[38]から、ここでは何も付け加える必要はありません。

第六節　原理[39]

人々の知識の追究を停止させたり、間違った方向へ導く、もう一つの過ちがあります。それについて私は少しすでに語ったことがあるのですが[40]、ここでもう一度触れ、その根源を検討しどこからそれが発生するかを見ておく必要があります。その過ちとは、自明ではなく、しばしば真ですらないような諸原理を採用する習慣のことです。人はよく、自分の意見[41]を基礎づける際に、基礎づけようとする命題よりも確実でもなければ堅固でもない基礎を受け容れてしまいます。ここで言う基礎とは、例えば次のものやそれと類似したものです。――私の党の創設者や指導者はよい人たちである、それゆえ、彼らの主義主張は真である。それは誤ったセクトの意見である、それゆえ、それは偽である。それは長いあいだ世間で受け容れられてきた、それゆえ、それは真である。それは新しい、それゆえ、それは偽である。

ここに見られる基礎やそれと似た多くのものは決して真偽の判定基準ではありませんが、

大半の人々はこれらを判定基準として採用し、その基準によって判断するように自分の知性を慣らします。こうして、人々はひどく間違った基準によって真偽を決定する習慣に陥ってしまうのです。彼らが誤謬を確実性と思い込んで受け容れてしまい、何の根拠も示せないような事柄に対して大変な自信をもつとしても驚くにあたりません。

　少しでも理性を標榜する人であれば誰でも、以上のような自分の偽なる公準[42]のどれかがテストされると、誤りうるものであると認めざるをえなくなりますし、自分と意見を異にする人々にはそのような公準の使用を許そうとはしないものです。それでも、そう納得した後でその公準を用い続け、次の機会が訪れるとまた同じ基礎に基づいて論を進めるような人がいます。信頼することができないとわかった後になっても、こういう間違った基準で自分を律する人たちを見ると、彼らはみずから進んで自分を欺き、自分の知性を誤った方向に導こうとしているのではないか、と考えたくなります。しかしながら、こういう人たちは一見ひどく責められるべきだと思われるのですが、実はそれほどでもないようです。というのは、私の考えでは、多くの人たちは自分や他の人たちを欺く意図をもたずに、このような仕方で真剣に論じてしまうからです。彼らは、ある場合に自分の言っていることが重要ではないと確信したにもかかわらず、それと類似した場合には自分の発言内容を信じきって、それが重要だと考えてしまうのです。しかし、何の根拠もなく意見を抱き、少しも理由を示せない立場を受け容れてしまうようであれば、そういう人は自分自身にとって耐えがたい存在となり、他人にとっては軽蔑されるべき存在となるでしょう。真であれ偽であれ、堅固であれ砂のようであれ、心というものは、それが基づくところの何らかの基礎をもたねばなりません。ほかの所でも述べた(43)のですが、心は命題を抱くやいなや、すぐにそれを基礎づける何らかの前提(44)を探します。それまでは、心はそわそわして落ち着きません。こうして私たちが自然の傾向性に然るべき仕方で従うならば、私たちのもっている気質そのものが、私たちを知性の正しい使用へと導いてゆきます。

私たちの関心事のいくつか、とくに宗教的関心事においては、人々がいつもゆれ動いていたり確信をもっていない状態にあることは許されません。人々は何らかの主義主張を受け容れ、それを信奉していると公言しなければなりません。何か特定の宗教の真理を確信していても、その信念の理由を何も挙げることができず、なぜ特定の意見を別の意見よりも優先させるのかを少しも弁明できないとしたら、これは恥というものでしょう。いやむしろ、その状態に心を絶えず置いておくことは、あまりに大きな矛盾を抱え込むことになります。したがって、人々は何らかの原理を用いざるをえません。その原理は何かと言えば、現にその人たちがもっていて運用することのできる原理でしかありません。本当は自分はそのような原理を確信していないとか、自分は自分が用いている原理には依拠していない、と主張することは経験に反します。それは、あなた方は間違っているという苦情に対して、いや自分たちは間違っていない、と言い張ることです。

そうだとすれば、一体どうして、人々は、自分たちを欺くかもしれず、真理ばかりか明らかに誤謬をも支えるような役割を担う根拠に基づくことをやめ、確実で疑いのない諸原理を用いることをしないのでしょうか。これが切に問われることになります。

これに対して、人々がより良いより確実な諸原理を用いないのは、それができないからだと私は答えます。しかし、この無能力は生来の才能の欠如からではなく（それが該当する少数の人々がいますが、その場合には無能力は非難されません）、慣れと練習の欠如から生じるものです。ほとんどの人は、厳密な推論をしたり、諸帰結の長い連鎖の中で、真理の依存関係を最も遠くの諸原理にまでさかのぼって追跡し、その結合を確認することに若い頃から慣らされているわけではありません。何度も練習することによって自分の知性をこの使い方に慣らしている人でなければ、歳をとってから自分の心をこれに向けることもできません。これは少しも不思議ではありません。練習もしたことがないのに突然彫刻をしたり、設計をしたり、綱の上でダンスをしたり、綺麗な筆跡で字を書いたりすることはできないのと同じです。

いやむしろ、大部分の人たちはこのようなことを全く知らずに暮しており、自分が慣れや練習を欠いていることに気づくことすらありません。そういう人たちは自分の職業上のいつもの仕事を、そらで、という言い方があるように、覚えた通りにこなします。うまくいかない時には、思考や技術が欠如しているからうまくいかないのだとは考えません。彼らは、自分が思考や技術を完成された形でもっていると決めてかかっています（というのも、彼らにはその程度の分別しかないからです）[45]。あるいは、仮に彼らが自分の利害関心や気まぐれに従って何らかの問題を考えたとしても、それに関する彼らの推論はやはり自己流であり、よかれ悪しかれ、自分の気質にあったものです。これとて、自分が知っている中では最良の推論なのです。[46]したがって、彼らがその推論によって誤りに導かれ、それに従って自分の仕事がなされると、その原因を自分の知性の欠如には求めずに、不都合な事故や他人の怠慢のせいにします。つまり、誰も、自分の中にその原因を見出したり、それについて苦情を言うことをしないのです。[47]たとえ何が自分の仕事を失敗させたとしても、正しい思考と判断が自分になかったからだとは見なしません。本人は自分自身のうちにそのような欠陥を見ることはせず、自分なりの推論によって計画をきちんと実行しているし、自分の手におえない不運な妨害がなかったならば少なくとも遂行したはずである、と確信しています。こうして彼は、自分の知性の不十分な、大変不完全な使用に満足してしまい、自分の心を改善する方法を見つけ出そうという苦労もせず、確実な基礎から導き出される一連の長い帰結の連続的結合に見られる緻密な推論がどのようなものであるかを考えることもなく、生涯を過ごすことになります。このような推論は、ほとんどの人が信じていると自認し関心を寄せている思弁的真理の大部分を、整理し明らかにするのに必要です。もちろん、後で徐々に、より十分な仕方で強調したいと思っていることですが[48]、多くの場合、一連の帰結がそのまま役に立つというわけではなく、問題の点について正しい判断を下すためには、まず多くの異なった正反対の導出[49]を検討し、一緒に並べねばなりません。このような種類の推論を欠いていることを理解しない人々に、あるいはそれを理解したとしてもどうやって推論を開始し実行することができるかを理解しない人々に、いったい何が期待できるでしょうか[50]。ちょうど、総額というものを知りもせず、三つの項目を足し合わせたこともない田舎の人に、商人の長い帳簿を読ませ、残高を正確に出させることができないのと同じように、何も期待できないのです[51]。

それでは、これにどう対処したらよいのでしょうか。先に述べたこと、つまり、私たちの魂の能力はちょうど身体と同じような仕方で改善され、私たちに役立つものとなる、ということを決して忘れてはならないと私は答えます。上手にものを書いたり絵を描いたり、上手にダンスやフェンシングをしたり、とにかく手を使った技を巧みに事もなげにこなす人を育てたければ、なるべく精力と活力を与え、自然に柔軟さと敏捷さをもたせるようにすることです。しかし、本人がそれに慣れ、自分の手や身体の諸部分をそういう運動に合うように形成し作りあげるために時間と労力を費やすのでなければ、誰もそれができるとは思いません。心についても全く同じであって、上手に推論するように人を育てたければ、早目にそれに慣れさせ、諸観念の結合を観察しその繋がり具合を理解する際に、自分の心を使うように仕向けねばなりません。これをするのに数学ほど適したものはありません。だから私は、時間と機会のある人すべてに数学が教えられるべきだと考えます。そういう人たちを数学者にするためではなく、理をわきまえた被造物[52]にするためにです。私たちはそのように生まれついているとも言えますし、それゆえ自分のことをそう呼びます。しかし、やはり正確には、自然は私たちにその種子を与えていると言うべきです。私たちは生まれながらにして理性的被造物である、と言うこともできるでしょうが、慣れと訓練だけがそうするのであって、実際には勤勉と専心が導いてくれる程度にしか理性的ではありません。したがって、推論に慣れていない人たちが導き出す結論を調べようとする場合には、彼らが全く理性的ではない[53]ものと思って取り組まねばなりません。

　以上のことはまだあまり注目されていませんが、それは、各人が私事において、理をわきまえていると言われるだけの何らかの推論を行なっているからです。しかし、ひとつの事柄において理をわきまえていると判明した人が、すべての事柄においてそうであると結論するのは誤りです。ここで、理をわきまえていないと考えたり言ったりすれば、あまりに不当な侮辱になり、あまりに良識を欠いた非難だと思われますから、誰もあえてそう考えたり言ったりはしません。それはその人の品位を生まれながらもっている尊厳以下に貶めてしまうように見えるのです。確かに、どんな事柄でも一つにおいてうまく推論する人は、知性を同様に用いれば、他の事柄においても同程度あるいはそれをはるかに凌ぐような強靭さと明晰さで、自然にうまく推論できるだけの心をもっています。しかし、今日一種の事柄についてうまく推論できる人が、今日別の種類の事柄について全く推論できない、ということも同様に真実です。おそらく一年後には、この人は推論できるかもしれません。しかし、どの時点であれ、人の理性的能力がうまく働かなくなり推論に力を貸すことをやめてしまったら、彼が慣れと訓練によって理性的になる能力をもっていたとしても、彼はもはや理性的とは呼べません。

低いわずかの教育しか受けておらず、鋤や鍬以上のことにまで思考レベルを上げたことがなく、日雇い労働者としての毎日の労働以上のことは考えたこともない人たちに試してみて下さい。何年も一区画の土地に使われていたそのような人たちの思考を、生涯閉じ込められてきたその狭い範囲から引き離してしまえば、彼らは生来の白痴とほとんど同じように、推論ができなくなります。彼らの結論がじかに依拠する一、二の規則は、ほとんどの人の場合、思考の全部を統御していたものだということがわかります。そういう規則は、真であれ偽であれ、彼らを導いてきた公準ですから、これを彼らから奪ってしまえば、彼らは完全に自分を見失ってしまいます。彼らの羅針盤と北極星は無くなり、彼らの知性は当惑しきってしまうでしょう。彼らは、古い公準に弱さがあることはいくらでも示すことができるのに、直ちにその公準に戻ってそれをあらゆる真理の基礎とするか、あるいは、その古い公準を放棄して自分の理性に身を委ね、あらゆる真理と更なる探究を放棄し、確実性は存在しないと考えるようになります。というのは、彼らの思考を拡大し、より遠く離れた、より確実な原理の上にその思考を固定しようとしても、彼らはそれを容易には理解できないか、できたとしても、それをどう使用していいのかわからないからです。彼らは、遠く離れた原理からの長い導出には慣れておらず、うまくそれを扱うことができないのです。

それでは、成人の知性を改善したり拡大することは決してできない、ということになるのでしょうか。私はそうは思いません。むしろ、次のように言ったらよいだろうと思います。知性の改善や拡大は勤勉や専心がなければ無理ですが、人生のなかですでに居場所を定めた成人にとっては、自分が費やしうる以上の時間と労力がかかってしまうため、ほとんどそれをなさずに終わってしまうのです。人間は、慣れと訓練だけで知性の改善や拡大を達成することができます。そうであるからこそ、私たちはここで先に述べたこと、すなわち、私たちの身体と同じように心を改善するものは訓練だけであり、知性が習慣によって完成されるということ以外、知性から期待できるものはないということを確認できるのです。

私たちの見るところ、アメリカ先住民のなかで、ヨーロッパ人ほどの学問や技術のレベルに到達した人はいません。しかし、だからといって、すべてのアメリカ先住民がより劣悪な知性をもって生まれてきたというわけではありません。また、貧しい田舎の人の子供たちのなかでも、教育をうけて出世する幸運な機会を得る子供は、田舎の家に住み続けて力量も同じ程度のままにとどまる他の兄弟とは違って、自分の才能を無限に伸ばすものです。

若い生徒たち、特に数学を勉強している生徒たちの相手をする人は、どのような仕方で彼らの心が徐々に開かれてゆくか、またどのような仕方で彼らの心が訓練だけによって開かれてゆくかに気づくことがあります(54)。時には、生徒は論証の一部分に長い時間こだわるでしょうが、それは意志や専心が欠けているからではなく、実は二つの観念の結合を知覚(55)していないからです。知性の訓練をもっと受けた人にとっては、これは何よりも明白なことです。同じことは数学を学びはじめた成人にも言えるでしょう。慣らされていない知性は、しばしばとても平易なことにつまずきます。しかし、当惑している本人ですら、自分で観念の結合を看て取るようになると、これほど易しい問題のどこにつまずいていたのかと不思議に思います。

第七節　数学

緻密に系統だった仕方で推論する習慣を心の中に植え付ける方法として、先に数学を挙げましたが、私はすべての人が深遠な数学者になる必要があると考えているわけではありません。数学の勉強は必ず心に推論の方法を教えます[56]。それゆえ、人が数学を習得すれば、将来機会が訪れた時に、それを知識の他の分野に応用することができるだろうと考えているのです。というのも、あらゆる種類の推論において、ひとつひとつの議論はすべて数学的論証であるかのように扱われるべきだからです。心が諸観念の結合と依存を支える土台へと向けられ、全体の整合性を初めから観察するようになるまで、それらの結合と依存はきちんと理解されるべきです。もっとも、論証的知識の場合とは異なり蓋然性の証明の場合には、このような［観念の］一系列［を観察しただけ］では、判断を確定するのに不十分です。

真理が一つの論証によって明らかにされる場合、更なる探究は不必要です。しかし、真理を疑いの余地なく確立する論証を欠いた蓋然性[57]の問題においては、一つの議論をその源泉にまで遡ってその強さと弱さを観察するだけでは不十分です。あらゆる議論の強さと弱さをそのやり方で検討した後で、それらを相互に対峙させて比較考量せねばなりません。そして知性は全体を見渡して、自ら何に同意[58]するかを決定することになります。

当然、知性はこのような推論の仕方に慣れているべきです。この推論の仕方は、文字を読めない人たちが慣れ親しんでいるものとは大変違っていますが、そのために学識のある人たちですら、しばしばこれがどのようなものかほとんど見当がついていません。これも不思議ではありません。なぜなら、大学でのスコラ的な討論の方法[59]が、人々をこのような推論の仕方からすっかり遠ざけてしまうからです。それは、ひとつのトピカ的議論[60]に固執し、それをうまく擁護できるかどうかで問題の真偽を決定し、論敵か擁護側のどちらが勝利を得るかを判断します。これはちょうど、考慮すべきものが他に百項目あるのに、収入と支出の一回の合計によって帳簿の残高を出すようなものです。

したがって、人々の心がそういう習慣を、早い時期に身につけるようにするのがよいでしょう。帳簿を作り上げるのに他の多くの項目が必要で、正しい判断を形成するためにそれらを計算の中に入れねばならない時には、わずか一回見たことに基づいて意見を築くことはしないようにするのです。これによって人々の心は広がり、人々の知性は、それにふさわしい自由を得ることになりますから、彼らが思い込みや怠惰や性急さによって誤謬へと導かれることもなくなります。というのも、私の考えでは、知性を使うことは決してあまり流行してはいないのですが、やはり誰でも、真理の道から外れるような知性の導き方を是認することはできないからです。

　これには、おそらく次のような反論が出されます。私が提案するように知性を扱うとなれば、誰もが学者にならねばならず、知識のあらゆる素材が与えられていなければならず、あらゆる推論の方法について訓練を受けていなければならない、と。これに対しては、時間をもち知識を達成する手段をもっている人たちが、自分の知性を改善するための援助や助力を入手することができるのにそれをしないのは恥である、と私は答えます。しかも、ここで私は、主としてそのような人たちに向かって語っているのです。自分の先祖の勤勉や才能のおかげで、背や腹を痛めて絶えず苦役に携わることから解放された人たちは、自由時間のいくらかを自分の頭脳のために費やし、あらゆる形式と内容をもった推論において試行錯誤を繰り返し、自分の心を開発すべきだと思います。私が先に述べた数学の分野では、**代数学**が知性に新しい援助と見解を提供します。[61] こういう提案をするのは、すでに述べたように、あらゆる人を完璧な数学者や深遠な代数学者にするためではなく、その勉強が成人にとっても限りなく役立つと思われるからです。まず第一に、成人たちは経験を通して、誰でもきちんと推論をするためには、日常生活で用が足せる程度の才能に満足していてはいけないということを確信します。数学の勉強をすると、どれほど自分の知性が優れていると考える人であっても、多くの事柄に、しかも大変はっきりと看て取ることのできる事柄に、自分の知性がつまずくかもしれないと思うようになります。これは、たいていの人が自分の才能に関してもつ思い上がりを取り去ってくれます。自分の心を拡大するのに何の手助けも要らない、自分の知性の鋭さと貫通力には付け加えるものなどありえない、などという考えはなくなります。

第二に、彼らは数学の勉強をすれば、推論において次のことが必要であることを知ります。すなわち、あらゆる判明な観念を分離し、当面の探究に関わるすべての観念が互いにどのように関わりあう性質をもっているかを見て、当面の命題に関連のない観念は排除して全く考察しないことにする、ということです。数量以外の分野では、これはたやすく遵守できることではなく注意深く実行されてもいませんが、正しい推論にとってこれは絶対に必要です。論証とは関連がないと思われている知識の諸分野においても、人々はあたかも全体をひとまとめにするかのようにして推論を行ないます。彼らは、短絡的で混乱した見解や偏った見解に基づいて、蓋然性らしきものを打ち出すことができれば、普通はそれで事足れりとします。議論をもっともらしく見せるために、引き入れることができそうなことはどんな小さなことでもとらえて、これ見よがしに主張する、といった論争にかかわっている場合は特にそうです。しかし、心がすべての部分をはっきりと分離して、問題の要点と全く関係がないことを除外し、その点に何らかの影響を与えるあらゆる個別的論点の結果から結論を引き出すことをしなければ、真理を見出すことはできません。数学的論証に専心することによって身につく、これに劣らず有益な別の習慣があります。心が諸帰結の長い連鎖に慣れるということです。しかし、これについてはすでに触れましたから、ここで繰り返すことはしません。

財力や時間が限られている人たちに関しては、想像するほど広範囲に手を伸ばさなくても彼らは十分やってゆけるでしょうから、右の反論は彼らには当てはまりません。

すべてのことを知らねばならないという義務など誰にもありません。一般に知識や学問は、安楽で暇のある人たちだけの務めです。特定の職業に就いている人たちは自分の仕事を理解すべきです。したがって、自分が毎日行なっている仕事について正しく思考し推論すべきであるというのは、決して理にあわない提案でも実行できない提案でもありません。彼らを動物と同じレベルにまで引き下げ、あえて彼らに理性的被造物の身分以下の愚かさを付与することでもしない限り、彼らはそのような能力をもっています。

第八節　宗教

人は誰でも、現世の生活を支えるための特定の職業のほかに、来世への関心をもっています。これは誰もが配慮せざるをえないものです。各人の思考はこれによって宗教に引きつけられますが、理解し正しく推論するということが、ここで本人の肩に重くのしかかってきます。(62) したがって、宗教と関連する言葉を理解することや、宗教に関する一般的な考え方を正しく作り上げるということについて、人々が責任を免除されることはありえません。キリスト教世界においては七日間のうちの一日が、ほかの安息の日々に加えて、このための十分な時間を提供します。(もしほかに暇な時間がないというのならば) 日々の労働の空き時間を使い、役に立たない他の多くの事柄に向かう際にしばしば発揮するのと同じ勤勉さをもって、知識の改善に専念しようとしさえすればよいのです。また、それぞれの能力に応じて、何らかの正しい仕方でこの知識に到達するように、暇な時間のない人たちを導く人たちがいさえすればよいのです。(63) 彼らの心の構造は、もともと他の人たちのそれと同じです。本来なすべきように彼らを少し励まし助けてあげれば、彼らの心が、宗教の知識を受け容れるにふさわしい知性を欠いていないことがわかるでしょう。というのは、とても身分の低い人たちでありながら、立派な宗教感覚と宗教理解にまで心を向上させた実例があるからです。そういう例は私たちが望むほど多くはありません。しかし、彼らの生活状態を無知蒙昧の必然性から断ち切るためにも、また、然るべき配慮が与えられればもっと多くの人が理性的被造物になりキリスト教徒になるかもしれないことを示すためにも、それらの例があれば十分です（ここでキリスト教徒になると言っているのは、そう名乗っていながら当の宗教の原理そのものを知ってもいない人たちを、本当のキリスト教徒と見なすわけにはゆかないからです）。というのも、私が間違っていなければ、近年におけるフランスのプロテスタントの小作農たち（イングランド人の日雇い労働者よりもはるかにひどい欠乏と貧困にあえぐ身分の人たちです）は、イングランド人の身分の高い人たちよりも、自分の宗教をずっとよく理解し、ずっと強く弁明することができたと思うからです[64]。

しかし、ひょっとすると、身分の低い人たちは自分に最も近いことに関心を寄せ、粗野な愚鈍さに身を任せてしまうはずだと決めつけられるかもしれません。私はそう考える理由はないと思います。しかし、そうだとしても、自由に使えるだけの財産や教養をもつ人たちが、自分の知性をなおざりにし、知性を然るべき仕方で用いるための配慮をせず、知性の主目的であるような事柄に関して、知性を正しく方向づけて知識を得ようとしないのは許されません。少なくとも、大きな財産をもっていて改善の機会や手段が手に入るような人たちはかなりの数に上りますから、そういう人たちが自分の能力を正しく使い、自分がもっている知性を研究すれば、あらゆる種類の知識において、特にもっとも重要な関心事やもっとも裾野の広い問題に関する知識において、大きな進歩をとげることが期待できそうです。

第九節　観念[65]（その二）

私たちの感官[66]に絶えず執拗な催促をして、私たちの欲求を引きつけて放さない外的な物的対象は、必ず私たちの頭をその種の生き生きとした永続的な観念で満たすものです。こういう場合、より多く［の観念］を貯蔵するように心を仕向ける必要はありません。観念が誕生するのにそれほど時間はかからないからです。心は通常とても多くの観念を受け容れ、とても注意深くそれらを蓄えますから、より有益で必要とされる他の観念を受け容れる余地が少なくなったり、心がその種の観念に注意を払わなくなってしまいます。したがって、知性をこれまでお話ししてきた推論に適したものにするためには、知性を、道徳的な、より抽象的な観念で満たすように注意すべきです。こういう観念は、感官に提示されるものではなく、知性に合うように作り上げられねばならないからです。概して人々は、何も欠けたところがないと思いがちな能力に関してはいい加減になりますから、私の考えでは、想像以上に多くの人々が、自分の心にこの種の観念を備えてはいません。人々はしばしば言葉を使っているのですから、彼らがそのような観念をもっていないかもしれないなどと一体どうして考えられるのでしょうか。これについては『人間知性論』第三巻で述べましたから[67]、別の答を出す必要はありません。しかし、安定し固定した仕方で、人々の知性に抽象観念を備えておくことが、どれほど彼らの知性にとって重要であるかを皆さんに納得していただくために[68]、ここで次のように問うことを許して下さい。つまり、もし人が義務の観念と正義の観念を自分の心に確立していないとすれば、その人は一体どうやって、正義の人であるべしという義務が自分にあるかどうかを知ることができるのか、ということです。［その人はこれを知ることができませんが、］その理由は、知識というものが、これらの観念、さらには、私たちの生活や習慣に関する類似した他のあらゆる観念の一致や不一致を知覚することにおいてしか成立しえないものだからです[69]。しかも、図に描かれた変更できない二つの角《かく》が見せられた場合に、それらの一致や不一致を看て取ることが実際に困難であると感じられるのであれば、音声以外には心に表象する可感的対象が何もないような観念の場合には、一致や不一致を知覚することはほとんど不可能であると言えるでしょう。こういう観念は音声とは似ても似つかぬものですから、私たちが観念について明晰な判断を下そうというのであれば、観念そのものを心に明晰に固定する必要がありま す。それゆえ、知性を正しく導く際には、まずその点に注意して心を用いるべきであり、これなくしては、心がそういう事柄について正しく推論することなどありえません。しかし、これらの観念やその他のあらゆる観念に関しては、いかなる矛盾もそこに抱え込まないように注意しなければならず、実在が想定されている場合には、観念が実在に対応し、架空の存在である単なる妄想にならないように注意しなければなりません。[70]

第一〇節　偏見

誰でも、他人や他の党派を誤りに導く偏見については進んで不平を言い、あたかも自分は偏見から自由であり、自分には何の偏見もないかのようにふるまうものです。偏見はあらゆる方向から攻撃されていますから、偏見が欠点であり知識の障害であるという点では人々の意見は一致しています。それでは、どのような治療法があるのでしょうか。誰もが、他人の偏見と関わることなく自分自身の偏見を検討する、という以外に方法はありません。他人から非難されて、自分は確かに偏見をもっていると納得するような人はいません。本人は同じやり方で非難を返して、動じないでしょう。無知と誤謬の大きな原因である偏見を世界から放逐する唯一の方法は、すべての人が公平無私の立場から自分自身を検討することです。他の人たちが自分たちの心を公平に扱おうとしないからといって、私の誤謬が真理になるでしょうか。あるいは、私が自分の誤謬を好きになるべきであって、喜んで自分を欺くべきだということになるでしょうか。他の人たちが自分の眼の白内障を好んでいることは、私ができるだけ早く白内障の手術をうけることを阻む理由にはならないはずです。誰もが盲目にはなりたくないと断言しますが、それでいてほとんどの人が、自分の視力を弱めるもの、真理と知識へと導くはずの明るい光を自分の心から奪うものを平気で受け容れているのです。偽なる立場や疑わしい立場を疑問の余地なき公準と見なしそれに依拠するようであれば、人は暗闇の中にとどまったままです。教育、党派、畏敬の念、流行、利害などによって吹き込まれた偏見は、通常そのような働きをします。これこそ、誰もが自分の兄弟の目にある塵を見ながら、自分自身の目にある梁には決して気づかない[71]「ということです」。自分自身の原理を公平に検討し、その原理が審問に耐えるものかどうかを見極める仕事を引き受ける人など、一体どれだけいるのかと言いたくなるかもしれません。しかし、真理と知識の探究にあたって知性を正しく導こうとする人にとっては、これは最初に取りかかるべき、また細心の注意をもって果たすべき務めの一つです。

知識を阻むこの大きな障害を除去したいと考える人たちは、あの偏見という大きくて危険な詐欺師を払いのけようとします。この詐欺師は、虚偽に真理と似た装いを与え、巧みに人々の心に目隠しをし、実際には人々を暗闇の中に置いているのに、自分たちの眼で物を見ることのない他のどのような人間よりも、自分たちは明るいところにいるのだと信じ込ませようとします。（私がこれを書いているのは、偏見を除去しようとする人たちのためだけですから、）ここで私は、偏見を識別する一つの目印を提供しておきます。どのような意見であっても、それを強く支持する人は、自分の信念が十分な根拠に基づいているという前提に立っているはずです（そうでなければ自分で自分を反駁することになります）。その人はまた、自分が与える同意は、自分が真理だと考えている事柄の明証性[72]が自分を引きつける程度以上のものではないこと、さらに、傾向性や気まぐれではなく議論こそが自分の主義主張に自信と確信を与えるということを前提としているはずです。さて、本人が自分の意見を表明した後で、自分の意見への反論に耐えられない、反論を検討し評価することはもちろんのこと、それを忍耐強く聞くことすらできないと仮定してみましょう。この場合明らかに、その人は、自分が偏見によって支配されていることを告白しています。しかも、その人は真理の明証性の中にではなく、何らかの怠惰な予断、何らかのお気に入りの思い込みの中に、心安らかにとどまっていたいと思っています。というのは、もし彼の考えが、彼が言うとおり明証性によってしっかりと防御されていて、彼もそれを真であると考えるのであれば、それを証明することを恐れる必要などないはずだからです。もし彼の意見が堅固な基礎の上に固定されており、それを支える議論に彼も同意し、その議論が明瞭で十分で納得のゆくものであれば、それが証明となっているかどうかが試されるのを、なぜ怖がるのでしょうか。自分の同意が自分の明証性[73]を越えるような場合、人は、意見への過剰な執着を偏見だけに負っているのです。そういう人は、それを反駁する事柄が述べられるのを聞くのを拒むことによって、事実上それを認めています。それによって、自分が求めているのが明証性ではなくお気に入りの意見を静かに享受することだと宣言しているのであり、その意見と対立するものは何一つ聞きもせず、何一つ検討もせず、先回りして非難する態度をとってしまうのです。これが偏見でなくて何でしょうか。「もう一方の側の言い分を聞かずに公正な判断を下した人は、たとえ公正な判断を下したとしても、決して公正ではないだろう」(74)。このような場合に、自分が真理を愛する人間であり、自分を誤らせる先入観や偏向には負けないということを示して無罪放免を勝ち取りたければ、二つのことをしなくてはいけません。これら二つのことは、あまり一般的でもなく、あまり容易でもありません。

第一一節　不偏不党性[75]（その一）

第一に、どのような意見を好きになってもいけませんし、意見が真であることを知るまでは、それが真であってほしいと望むのもいけません。それが真であることを知った時には、真であれと望む必要はなくなります。というのも、偽なるものは、どのようなものであれ、私たちが心から願うに値するものであるはずがないからです。また、偽なるものに真理の地位と力を与えたいという欲求についても、同じことが言えます。しかし、それでもこのような欲求ほど頻繁に見られるものはありません。人々は敬意と慣習のみを明証性をもつものとして受け容れ、それに基づいて、ある主義主張を好きになります。そうして、これを支持しなくてはならない、そうしなければすべては終わりだと考えます。その主義主張の根拠を一度も検討したこともなく、自分自身に対して立証したこともなく、他の人たちに立証することもできないのに、そう考えます。私たちはそのような真理［と見なされているもの］をめぐって熱心に論争すべきですが、まず最初にそれが［本当に］真理であることを確信すべきです。そうでなければ、神すなわち真理の神に戦いを挑み、嘘の父にして嘘を広める悪魔の仕事を遂行することになります。しかも、私たちの熱意がどれほど強いものであるとしても、それは弁解の理由にはならないのです。なぜなら、これこそ明らかに偏見だからです。

第一二節　検討[76]

第二に、それを行なう必要はないとか、自分にはできないと判断する場合のように、自分がどうしても背を向けたくなるようなことをしなければなりません。［つまり、］自分の原理が確実に真であるかどうか、また、どれほど自分が安心してそれに依拠してよいのかを試さなくてはならないのです。こういうことをする決意や技術のある人はあまりいないのではないかという問題には、ここでは決着をつけないでおきます。しかし、確かにこれは、真理を愛すると公言し、自分を欺きたくないと考えるすべての人がなすべきことです。他の人たちの詭弁に身をさらすことよりも、この方がより確実に馬鹿にされるでしょう。自分自身を欺こうとする性向は絶えず威力を発揮し、私たちは自分でそれに快感を覚えてしまいますが、自分が他人からひやかされたり他人によって誤った方向に導かれたりする場合には我慢ができなくなります。ここで私が問題とする無能力は、自分自身の原理を検討する能力が奪われているというような自然的欠陥ではありません。そのような欠陥に対しては知性を導く規則は役に立ちませんし、そのようなケースはごく稀です。大半のケースでは、自分の思考を一度も行使したことがないという悪い習慣によって無能力化が起きたのです。彼らの心の力は使用しないことによって餓死し、能力行使から得られるものとして自然が心に備えた、あの達成度も強さも失ってしまったのです。単純な算数の基本規則を学べる立場にあり、普通の足し算ができるようになる人たちは、ただ自分の心を推論に慣らしさえすればこれ［＝自分の原理の検討］を行なうことができます。しかし、このような知性の行使を全くなおざりにしてきた人たちは、最初はほとんど何もできず、ちょうど数字に慣れていない人が店の帳簿の計算をするのと同じくらい不器用で、おそらくそれに取りかかることも居心地が悪いと思うことでしょう。それにもかかわらず、（真理を保持することに私たちが関心を寄せる事柄においては、）私たちを誤謬に導くかもしれない原理の上に自分の主義主張を築き上げることは、私たちの知性を間違った仕方で使うことであると言わざるをえません。私たちは自分の原理を偶然にもそのまま信用し、一度も検討したこともないのに受け容れてしまいます。そうして、それらの原理が真であり確固たるものであると思い込んで、一体系全部を信じてしまいます。これが、子供じみた恥ずべき無分別な軽信でなくて、一体何でしょうか。

知性の自由は理性的被造物にとって必要であり、それなくしては知性は真の知性ではありません。このような知性の自由が成立するのは、まさに次の二つの点においてです。すなわち、［第一に］いかなる真理を探究する場合でも同等の不偏不党性を貫くことです。つまり、それを真理として愛するがゆえに受け容れ、[77]真であると知る前に何か別の理由によってそれを愛することをしない、ということです。そして［第二に］私たちの諸原理を検討し、理性的被造物としてそれら諸原理が堅固で真であり確実であることを十分に納得するまでは、いかなるものも原理として受け容れず、その基礎の上に何かを築きあげることもしない、ということです。意見の受け容れや支持に関して、意見そのものがもつ明証性——想像されただけではない、実際に知覚された明証性——によらずに、他の何らかの権威によって制約を加えねばならないことがあるとすれば、そのような制約は知性に対してではなく、むしろ思い上がりや、気まぐれや、途方もない考えに加えられるべきです。これは強制（Imposition）という適切な名称で呼ばれたことがありますが、[78]［知性に加えられる強制は、］他のどのような種類の強制よりも悪く、どれよりも危険です。というのは、私たちは自分自身を強制し欺いているのであり、これはあらゆる強制の中でも最も強力なものだからです。しかも、細心の注意をしてあらゆる強制から自由であり続けるべき領域において、それを行なっているのです。[79]世間では、様々な意見に関して中立性[80]を保持している人はひどく責められる傾向があります。特に宗教における意見についてはそうです。

これは大きな誤謬とより悪い結果を生み出す源泉ではないかと懸念します。二つの意見のどちらが真であるかに関して中立的な態度をとるのは、心の気質として正しいものです。この気質は、心を強制から守り、最善を尽くして真理を見出すまでそのような中立的態度で検討するように心を仕向けます。真理に到達するまっすぐの、安全な道はこれだけです。逆に、私たちが虚偽を真理と取り違えていないかどうかに関して中立的であるのは、誤謬の王道を行くことです。どの意見が真であるかに関して中立を守らない人たちは次のような誤りを犯しています。彼らは、検討することなく自分の見解が真であると想定し、その後で、自分の見解を熱烈に支持すべきであると考えるのです。彼らの情熱と熱心さを見れば自分の意見に対して中立的態度をとっていないのは明らかですが、私の考えでは、彼らはそういう自分の意見が真であるか偽であるかについては、とても中立的で無差別な態度をとっています。なぜなら彼らは、自分の意見にどのような疑問や反論が出されることにも我慢できないからです。彼らはそういう疑問や反論を自分で出してみたこともなく、したがって自分の意見を検討したこともなく、またそれゆえにその意見の真偽を知ることもなく、本来それに関心をもつべきであるのに関心をもっていないのです(81)。

以上は、よく見かける最も一般的な過ちです。人々は、自分の知性を正しく導くにあたってこの過ちを避けるか、あるいは矯正すべきです。教育においては、これを特に注意すべきだと思います。教育の役割というのは、知識の面では、学問の全分野やある特定の分野で学習者を完成させることではなく、将来本人が自分の人生で知識のどの部分に専念し、どの部分を必要とすることになったとしても、それを達成できるだけの自由と性向と習慣を学習者の心に備えつけておくことです[82]。

原理をきちんと身につけさせるとはこういうことを言うのであって、それ以外のことではありません。それは、原理というもっともらしい名称を使って、ある特定の教義を尊敬し崇めるような態度を植えつけることではありません。そういうものは、しばしば原理に属する真理や明証性からはとてもかけ離れていますから、偽なるもの、誤ったものとして斥《しりぞ》けられるべきです。また、［そういう洗脳まがいの教育は］しばしば、そのように教育された人々が社会に出て行き、これまで身につけ依拠していた諸原理を維持することが不可能であると気づいた時に、彼らにあらゆる原理を放棄させ、彼らを知識や徳を顧慮しない完全な懐疑主義者にしてしまう原因です[83]。

知性には、心の自然的気質に起因するか、あるいは身についた悪い習慣に由来する幾つかの弱さや欠陥があり、それによって知性が知識に向かって前進することが阻まれます。心が完全に研究しつくされたならば、おそらくその多くが病として発見され、その数は身体の病にも匹敵することでしょう。その一つ一つが、多かれ少なかれ知性の働きを妨げその力を奪っているのですから、これは看護し治療するに値します。(84) そこでそのような病の幾つかを書き出してみます。これを刺激剤として、人々に、とりわけ知識を自分の仕事としている人々に、自分自身のことを調べてもらいたいのです。自分が何らかの弱さに陥ったり、自分の知的能力を管理するにあたって幾つかの過ちを許してしまっていないかどうか、よく注意して見てもらいたいのです。そのような弱さや過ちは、人々の真理の探究の障害です。

第一三節　観察に基づく一般化(85)

個別的な諸事実は、私たちの社会的および自然的な知識を支える確固たる基礎です。知性は、それら諸事実を用いて有益なものを生み出します。つまり知性は、それらの事実から、知識に関わる恒常的な規則、したがってまた実践に関わる恒常的な規則となるような幾つかの結論を導き出します。本来、心は、社会的事象や自然的事象を扱う学者の記述から得られた情報を用いて有益なものをもたらすべきですが、そうでないこともしばしばあります。心がそこに記録された個別的諸事実について所見を述べる(86)にあたって、あまりに性急であったり、あまりに緩慢であったりするために、そうなってしまうのです。

とても精力的に読書をしていながら、それでも大して自分の知識を拡げないような人たちがいます。そういう人たちは、語られる様々な物語に歓びを覚え、おそらくその話を繰り返し聞かせてもくれるでしょう。彼らは読んだ物をすべて、自分自身にとってのただの物語にしてしまいます。それに反省を加えたり、読んだものから学んだ事柄を自分のために書きつけたりしないものですから、彼らの知性を通過するかあるいはそこに蓄えられる個別的な諸事実のあれほどの集積(87)によっても、彼らの境遇はほとんど改善されることがありません。彼らは、絶えず読書し自分に詰め込みを行なってゆく過程で夢を見つづけますが、なに一つ消化しないのですから、それが生み出すものは粗雑な未完成品のかたまりでしかありません。

こういう人たちの記憶力がよければ、彼らは知識の素材をもっていると言ってもよいかもしれません。しかし、建物の素材と同じように、ただ一緒に高く積んで放置しておくだけで使わないのであれば、それは何の利益にもなりません。これとは対照的に、全く反対のことを実行し、事実を用いて行なうべき改善に失敗してしまうタイプの人たちがいます。彼らは一般的な結論を導き出し、出くわすあらゆる個別的事実から公理を取り出す傾向があります。こういうやり方が事象記述を真に有益なものにしないのは、先の方法と何ら変わりません。いや、こちらの方法は、先進的であり積極的な精神をもっていますから、より多くの害を与えるかもしれません。全く規則をもたないよりも、間違った規則を一つもっていてそれによって自分の思考を導いてゆく方がより悪い結果をもたらすものですし、誤謬は、活動的な人たちに対して、無知が呑み込みが悪くてゆっくりとしか進まない人たちに与えるよりも、大きな害悪を与えるからです。これら二つの立場の中間に、最もうまく対処していると思われる人たちがいます(88)。彼らは、重要で有益な手がかりを、時には単独の事実から受け取り、それを心にとどめておいて、その不完全な観察結果を検証あるいは反証するにあたっては、自分が事象記述の中に見出すものによって判定すべきであると考えます。そのような観察結果が、個別的諸事実からの十分にして入念な帰納(89)によって正当化される場合には、それは信頼されるにふさわしい諸規則として確立されることでしょう。自分が読むものにこのような反省を何ら加えない人は、冬の夜に他の人たちを楽しませるにふさわしい、色々な物語の寄せ集め(90)を自分の心に蓄えているだけです。［他方、］あらゆる事実を公準にまで高めようとする人は、対立しあう観察結果を豊富にもっています。そのような観察結果を相互に比較すれば、その人を当惑させ混乱させるのに役立つだけです。あるいは、その人が新奇さやその他の気まぐれから、自分が一番気に入ったものに権威を与えそれに身を委ねるというのであれば、それは彼を誤りに導くのに役立つだけです。

第一四節(91) 偏向した判断(92)

次に考慮すべきだと思われるのは、自分自身の生来の気質や情念が、自分の判断、特に現在の自分の境遇や利害となんらかの関わりをもちそうな人物や事柄についての判断に、影響を及ぼすのを許してしまう人たちです。真理は、全く単純で、全く純粋で、他のどんなものとも混じり合わないものです。それは、いかなる副次的利害に対しても頑固であって、柔軟には対処しません。知性もそうあるべきです。その効用と卓越性は、真理との一致に存するからです。人々は知性をいつもそのように使ってはいませんが、本来は、あらゆるものをそれ自体あるがままの姿で考えることが知性の仕事です。誰でも、一応は、これが自分の知性を使用する正しい方法だと認めるものです。知識を得ることや、事物それ自体がどのようなあり方をしているかを考えることには力を注ぐべきではないと公言して、あからさまに常識に挑戦する人はいません。しかし、人はとても頻繁に正反対のことをしています。しかも、言い逃れをしたがります。神のためであるとか、立派な目的のためであるという名目上の理由がありさえすれば、自分はそのようにふるまってもいいと考えます。これは実際には、自分自身のためであり、自分自身の信条や党派のためでありさえすればよい、ということです。というのは、特に宗教に関する事柄においては、人間たちのいくつかのセクトの方が、逆に神と立派な目的に資格を認めて、自分たちの信条や党派へと向かわせるからです[93]。しかし、神が人間に対して、神のために人間の能力を損なったり誤用したりすることを要求したり、神のために他人や自分自身に嘘をつくことを要求することはありません。そういうことは特定の人間たちが意図的にしていることです。彼らは、自分の知性を使って、提案された物事について正しい考え方をもとうとはしませんし、究明しようとしている限りどんなことについてもそれ相応の思考をする、といった態度をとることを意図的に避けます。立派な目的については、そのようなたちの悪い援助は不必要です。目的が立派であれば、真理がそれを支えるのであって、詭弁や虚偽は必要ありません。

第一五節　議論

これと同類と言ってよいのは、ある問題について一つの立場を擁護する色々な議論を探し求め、別の立場を支持する議論を全く無視し拒絶することです。これが知性を意図的に誤った方向に導くことでなくて、一体何でしょうか。真理にそれにふさわしい価値を付与するどころか、これは真理の価値をまったく貶めてしまいます。自分たちの権力や利潤や評判と最もよく調和する意見を採用し、その後でそれを支持する色々な議論を探すべし、というのですから。(94) このような仕方で照らし出された真理は、私たちにとって誤謬と同様に何の役にも立ちません。私たちがそうやって取りあげるものが、真であるか偽であるかわからないからです。選り好みをしてこのように真理に関して過ちを犯す人は、自分の務めを果たしてはいません。

議論を収集するには、もう一つ、より罪のない方法があります。この方法は、本ばかり読んでいる人たちの間ではよく知られています。色々な問題を研究する際に、自分の目にとまった議論を、賛否両論とも習得するというやり方です。この方法では、正しく判断したり、強い議論を展開できるようにはなりません。どちらの側に立っても饒舌になるだけであって、これによって自分自身の判断を確実にし固定することはできません。この種の議論は、他人の思考から集められ記憶の中で浮いているだけですから、いくらかの理性的な外見を備えたお喋りをする際には、なるほど豊富な材料を提供することでしょう。しかし、これはとても正しい判断をする手助けにはなりません。その浅薄な検討方法を克服しない限り、この種の議論は知性の依存を促し、知性の働きを散漫にするだけです。それは、真理を手放し見せかけを手に入れることに等しいのであり、私たちの虚栄心を満足させるにすぎません。真の知識を獲得する唯一確実な方法は、私たちの心の中に、事物についての明晰で定まった考えを形成し、そのような確定された諸観念に名前をつけておくことです。私たちが考察すべきはこれらの諸観念であり、また、それらの様々な繋がり方です。用途に応じて異なった仕方で使われるような、浮動する名前や不確定な意味の言葉を使って、自分を欺いてはいけません。本物の知識が存立するのは、私たちの観念が相互にどう繋がっているかを知覚することにおいてです。人は、諸観念がどの程度まで相互に一致するか、あるいは一致しないかをいったん知覚すると、他人の発言を判断できるようになり、大半がもっともらしい詭弁でしかない他人の議論によって導かれる必要もなくなります。

こうして人は問題を正しく設定する方法を学び、どこが肝心な点であるかを理解し、自分自身の足で立ち、自分自身の知性で知ることになります。他方、色々な議論を収集して暗記すれば、人は他人に仕える召使いとなるだけです。しかも、誰かがその議論を支える基礎を疑問視すると、彼は進退きわまり、信用しきって採り入れていた知識を放棄せざるをえなくなります。

第一六節　性急さ（その一）

無駄な骨折りは、自然に反します。他のすべての能力と同様に、知性は常にその目的への最短の道を選び、探している知識をすぐにでも獲得し、そうして次に何か新しい探究を始めようとします。これが怠惰であるにせよ性急さであるにせよ、ともかく知性は、このためにしばしば誤った方向に導かれます。知性は、不適切な探究方法に、しかも目的の達成に役立たない方法に甘んじさせられることになります。ある時には、［他人の］証言が全く関与する権利をもたない場合であるにもかかわらず、知性はその証言に依存します。学問的な教えを受けるよりも、信じる方が容易だからです。また、ある時には、知性は一つの議論に満足し、あたかもそれが論証であるかのように満足しきってしまいます。証明されようとしている事柄が論証できるものではなく、それゆえ蓋然性のテストにかけて、あらゆる重要な議論を賛否両論含めて検討し、比較考量しなければならない場合であるにもかかわらず、そうするのです。また、場合によっては、論証が可能であるような探究において、心が蓋然的なトピカ(95)によって決定されることもあります。人々は、怠惰、忍耐のなさ、慣習、練習不足、不注意によって、このような状態や他の幾つかの状態に陥ってしまいますが、これらはどれも、真理の探究にあたって知性を誤って使用したことの結果です。私たちが探究を本来あるべき仕方で進めるためには、どの問題に対処する場合でも、どのような種類の証明を、どのような方法で行なうことができるかをまず考えるべきです。そうすれば、私たちは、誤った仕方で苦労を繰り返すことなく、手に入れることのできる真理をより早く発見して所持することができます。様々な種類の議論、特に、数多くの取るに足りない議論――単なる言葉の上だけの議論は、すべてこれに属します――を用いると、労力の無駄使いであるばかりか、記憶に無駄な負担をかけてしまいます。そのようなことをすれば、論証が可能な場合には常に真理を捉えて放さない、という記憶の働きが妨害されるだけです。このような［本来的な］仕方の証明においては、心は、真理と確実性を看て取り、それを完全に所持することになります。ところが、もう一つの同意による方法では、心はその周りをぐるぐる回るだけで、色々な不確実な事柄と戯れることになります。なるほど、心は、このように浅薄な方法で、より多様なもっともらしい話をすることができるかもしれません。しかし、心の知識は、本来なされるべき仕方で拡大してはいません。また、心にこの性急さと忍耐の欠如があれば、議論を然るべき仕方でその真の基礎にまで遡ることをしなくなってしまいます。こうして人々は、少しだけ理解し、多くを信じ込んで結論に飛びつきます。これは、気まぐれや思い上がりへの近道であり、（結論をしっかりつかんで放さなければ）自説固執[96]への近道です。それが知識に到達する一番遠回りの方法であることは間違いありません。知識を目指す人は、いくつもの証明の結合の仕方によって、真理とそれが立脚する根拠を理解しなければならないのであり、それゆえ、自分が検討すべきことを見落としてしまったのであれば、もう一度初めから全部やり直さなくてはなりません。そうしなければ、決して知識に到達することはできません。

第一七節　散漫さ

これと同じくらい悪い結果をもたらす別の過ちがあります。これもまた怠慢から生じるものですが、虚栄心が混ざっています。それは、一つの種類の知識から、別の種類の知識へと飛び移ることです。人々のなかには、何か一つのことにすぐに飽きてしまう気質をもった人たちがいます。恒常性や勤勉は、彼らにとって耐えることのできないものです。同じ研究を長く続けることは、ちょうど同じ衣服や同じスタイルで長期間自分の姿を見せることが宮廷の淑女にとって耐え難いのと同じように、彼らにとって耐え難いのです。

第一八節　生かじり

何でも知っているように見えて、あらゆることを少しずつかじっているだけの人もいます。〔散漫な人もこのタイプの人も、〕どちらも、自分の頭を浅薄なものの考え方で満たすことはあるでしょうが、やはり真理や知識に到達する道からは大きく離れています。

第一九節　全領域での知識(97)

ここで私は、あらゆる種類の知識を味わってみることに反対しているのではありません。確かに、そうすることは心の形成にとても役に立ち、必要なことです。しかし、それは違った方法で、違った目的のためになされねばなりません。頭をあらゆる種類の切れ端で満たしておくのは、話をするためでも虚栄心のためでもありません。なるほど、その種の誇示できる品物を所持している人は、自分が出会うすべての人の話とつきあうことができるかもしれません。その人は、まるですべてが自分にとってありがたいものであるかのようにふるまいます。あたかも彼の頭は十分な蓄えのある貯蔵庫のようであり、彼がマスターしていないことを誰かが話題として取り上げることはなく、彼はいつでも誰かを愉しませ続けるだけの備えをしているかのようです。なるほど、これは卓越性を示すものです。観想のあらゆる対象、あるいはその大半に関して、本物の真なる知識をもつことは偉大な卓越性の証拠でしょう。しかし、これは一人の人間が達成しうることではありません。いくらかでもこれに近づいたような人はほんのわずかしかいませんから、その人たちを知性の通常の導き方を示す例として出すべきでもないだろうと私には思えます。普通は、国家における自分の特定の使命ないし職業(98)や、世界における人間としての使命すなわち宗教が、何に関わるものであるかを十分に知ろうとすれば、それだけで自分の全時間がとられてしまいます。しかも、こういうことは、すべての人の本来的で固有な関心事であるので、土台にまで遡って知識を得るべきですが、それを実行する人はあまりいません。しかし、たとえそれが実情であって、自分の思考を全領域の知識へと拡大する人が実際わずかしかいないとしても、正しい方法が採用され、探究の方法が本来あるべきように整えられれば、仕事が少なく余暇に恵まれている人たちは、現在ふつうに人がするよりもはるか遠い地点まで到達することができるはずです。私はそう信じて疑いません。さて、ここで本論に戻ることにします。人間本来の関心事ではない知識領域で少しの洞察を得ることの目的と効用は、私たちの心をあらゆる種類の観念に慣れさせ、それら諸観念の繋がり方を検討するのにふさわしい様々な方法に慣れさせる点にあります。これは心に、ある種の自由を与えます。最も熟達した人たちが用いた様々な探究や推論の方法に従って知性が行使されると、心は鋭敏さと用心深さを学び、どの研究においても、対象の特徴や傾向性に応じて、より綿密かつ巧みに自らを適用する柔軟さを獲得します。さらに、心がどれか特定の学問にとりつかれ、気に入ったものを愛し称賛するに至る前の段階で、不偏不党の精神であらゆる学問を全体的に味わっておくと、もう一つの悪弊を防ぐことにもなります。初めから知識の一部分だけの訓練を受けてきた人たちにとてもよく見られることですが、一種類の知識を観想することだけに身を委ねるようにしておくと、それがすべてになってしまうのです。[99][100]心は、すでに慣れ親しんだ対象からほんの一部分を切り取り、他のあらゆるものを——たとえそれがどれほど遠くにあったとしても——それと同じ観点から見ようとします。形而上学の専門家は、土地の耕作や庭いじりを直ちに抽象的な考え方に結びつけるでしょうから、自然誌は彼には何の意味ももちません。逆に錬金術師は、神的なものを自分の実験室の公準に還元し、道徳を塩と硫黄と水銀によって説明し、聖書そのものも、またそこに登場する聖なる神秘的な出来事も寓話化し、賢者の石に変えてしまうでしょう。かつて私が聞いたところによれば、音楽においてかなり優れた才能をもっていた人物は、モーゼの伝えた第一週の七日間を真剣に「七つの」音符に対応させて、あたかも天地創造の段階や方法がそこから採られたかのごとく考えたそうです。心がこのようなことに囚われないようにするのは、とても重要なことです。私の考えでは、これを実現する最善の方法は、心に、知的世界の全体を公平かつ平等に眺めさせることです。心は、そこで全体の秩序や階層や美しさを眺め、諸学問の異なる領域を正当に扱い、それぞれが然るべき秩序と有用性をもっていると考えるようになります。

かりに年配の人間が、このようなことを不必要だと考えたり、容易にこれを受け容れようとはしないとしても、少なくとも若い人たちの教育においてこれを実践することは適切だと言えます。すでに述べておきましたが、教育の役割は、若い人たちを学問のどれか特定の分野で完成させることではなく、彼らが自分でどれかに専念する時に、それを最もよく実現できるように彼らの心を開いてその方向に向けることだと私は考えます。長期間にわたって一種の思考や一つの方法だけに慣らされると、人々の心はそこで硬直してしまい、容易に別のものには向けられなくなります。それゆえ、彼らにこの自由を与えるために、あらゆる種類の知識を探究させ、多様な知識が蓄積された場で自分の知性を行使させるべきだと私は考えます。しかし、私はこれを知識の多様性と蓄積としてではなく、思考活動の多様性と自由として提案します。また、心が獲得した財産の拡大としてではなく、心の諸力と活動の増大として、これを提案します。

第二〇節　読書

偉大な読書家たちは、この［読書という］ことについて間違っていることが多いと思います。あらゆることについて読書した人たちは、同時にあらゆることを理解していると考えられていますが、必ずしもそうではありません。読書は心に知識の素材を提供するだけであり、思考こそが、私たちが読んだものを自分のものにします。私たちは反芻する動物であり、堆積した大きな塊を詰め込むだけでは十分ではありません。何度も噛みなおさなければ、そこから力や栄養を得ることはできません。確かに、著者のなかには、深遠な思考、綿密で鋭い推論、見事に追究された諸観念を、明白な実例として提示するような人たちもいます。読者がそれに注目して模倣をするのであれば、それが発する光は大いに役に立つでしょう。それ以外のものは、せいぜい、知識に転換されるべき個別的な素材にすぎません。しかし、その転換を実現するためには、私たち自身が省察し、論述内容の妥当範囲、力強さ、整合性を検討する以外に方法はありません。私たちが観念の結合に気づきそれを理解した分だけ、それは私たちのものとなります。それなくしては、ただ私たちの頭脳に、ふわふわした物が浮かんでいるだけです。その記憶は貯蔵されるでしょうが、それでは判断はなんら改善されません。しかも、他人が言ったことを反復できたり、他人からもらってきた議論を提示できたからといって、知識の蓄えが増えるわけではありません。このような種類の知識は伝聞による知識でしかありません。これを誇示することは、せいぜい、機械的にそらで物が言えること、たいていは脆弱で間違った原理に基づいて物を言うことです。なぜなら、書物に見出されることのすべてが、真の基礎に基づいているわけではなく、また基づいていると称される諸原理から、常に正しく導き出されている[103]とは限らないからです。すべての読者が、これを暴くのに必要な糾明の作業に積極的に取り組むわけではありません。特に自分の身を党派にすっかり委ねてしまって、党派の主義主張に味方し、それを支持するために引き出せるものだけを探し出すという人たちは、そういうことはしません。彼らは、真理からも、読書から受けるあらゆる真の恩恵からも、意図的に自分を閉め出すのです。もっと不偏不党的立場に近づく人たちもいますが、しばしば彼らは注意力や勤勉を欠いています。すべての議論をその源泉にまで遡り、それがどのような基礎にどれほどしっかり基づいているかを看て取るのは、心にとって本来ゆっくりとしかできないつらい仕事です。しかし、そうであるからこそ、ある人が読書から大きな利益を得るのに、他の人は何の利益も得ないということが起きるのです。厳しい規則によって、最初は困難であるこの課題に心を縛りつけなくてはなりませんが、やがて慣れと練習によって容易にこなせるようになります。そうして、それに慣れた人は容易に、言わば一瞥するだけでその議論を理解し、大体すぐにその基礎を看て取ることができます。この能力を獲得した人たちは書物の真の鍵を手に入れたのであり、様々な意見や著者の考えからなる迷路をくぐり抜け、真理と確実性に到達する手がかりを見つけたと言えるでしょう。読書を有益なものとするために、若い初心者には、まず最初にこれを教え、その効用を示してあげるべきです。そういう経験をしたことのない人たちは、それが人々の研究にとって非常に大きな障害となると考えがちです。自分が本を読む際に、立ち止まってあらゆる議論を検討し、その議論の糸をほどいて一歩一歩その出発点まで遡ってゆかねばならないとしたら、ほんの少ししか進歩しないのではないか、と彼らは思ってしまいます。

なるほど、これは妥当な反対意見であり、読書が知識などではなくお話のためにあるような人々にとっては、きっと重要な反論となることでしょう。私は、これについては何も言うことはありません。しかし、ここでは、知性を導いて知識へと前進する方法を探究しているのですから、知識を目指す人たちには言っておきます。方角が正しく定められた航路を上手に静かに着実に前進してゆく人は、誰かに出会うたびに、全速力で一日中馬に乗って追いかけまわす人よりも、早く目的地に到着するのだと。

ここで、読んだものについて考え、そこから収穫を得るこの方法が、障害であり困難だと感じられるとしても、それは最初の段階だけであることを付け加えておきたいと思います。習慣と練習によってこのやり方に慣れてしまえば、たいていは読書を中断したり途中で休止したりすることなく、それを実行してしまえるようになります。このように心を行使すれば、心はすばらしい速さで運動し、ものを見るようになります。この種の反省に慣れた人は、他人には目の前で段階的に全部を導き出して(104)長々と説明しなくてはいけないようなことを、実に一瞥で理解してしまいます。それだけではありません。最初の困難が克服されると、この方法は喜びをもたらし、その有益さは肌で感じられるようになりますから、心は力強い激励を受け、活性化され、読書にいそしむようになります。これがなければ、読書を研究と呼ぶのはおよそ不適切です。

第二一節　中間原理

その補助手段として、次のような提案をするのもよいと思います。すなわち、心がその都度、遠く離れた第一原理に至るまでの長い思考の旅を続けなくていいように、いくつかの宿場を設けておく[105]のです。言い換えれば、中間原理をもつようにして、登場する様々な立場を検討する際に、心がその中間原理に依拠するということです。たとえ中間原理は自明でないにしても、それが疑えない慎重な導出[106]によって自明の原理から導き出されたのであれば、それを確実不可謬の真理と見なし、それに依拠することは許されます。こうして中間原理は疑えない真理の役を果たし、遠く離れた一般的公準よりも手近で限定された観点をとることによって、その疑えない真理に依存する他の論点を証明するのに役立ちます。この中間原理は、真理の道の途上に何があり、その道から外れた所に何があるかを示す道標として機能します。実際に数学者たちは、新しい問題がでるたびに一連の中間的諸命題を通過して第一の公理にまで戻るということはしません。彼らは確実な論証によって幾つかの定理を確定しており、彼らにとっては、これらの定理が、それに依存する数多くの命題を解決するのに役立ちます。しかも、それらの命題はしっかりとその定理から導き出されていて、それはあたかも、心がそれらの命題と自明な第一原理をつなぐ鎖のあらゆる結合部分を、新たに調べ直したかのようです。ただし、数学以外の学問分野では、数学者が数学の偉大な定理のどれかを確定する時のあの注意と綿密さと不偏不党性をもって、中間原理を確立するように十分注意しなければなりません。これをしないで、性急に、然るべき検討もせず、疑えない証明もなしに、信用や傾向性や利害に基づいてどれか特定の学問の原理を採り入れてしまうと、人は自分を罠にかけることになります。そのようなことがある限り、自分の知性は間違いや虚偽や誤謬に囚われてしまいます。(107)

第二三節　偏愛[108]（その一）

すでに見たように[109]、意見への偏愛は知性を誤った方向に導く傾向がありますが、これと同様に、研究への偏愛は知識や［知性の］改善にとって有害です。人々は自分が特に精通している学問領域を高く評価し、ほめ称えるものです。あたかも、各人が接した知識の特定部分だけが保有するに値し、知識の他の部分は、どれもいいかげんな無内容のお遊びであり、比較すれば全く効用もなく意義もないかのようです。これは知識ではなく無知の産物です。理解力が弱く狭いために虚勢を張り、ただ空いばりをしているにすぎません。なるほど、誰でも、ある学問を自分固有の関心事としてたしなむのは、適切であると言えます。そのすばらしさを見て、その有用性を感じれば、一層の歓びと情熱をもってその学問を研究し改善するようになるでしょうから。しかし、他のあらゆる知識を軽蔑し、法学や自然学、天文学や化学と比べて、あるいはひょっとして私が少しかじったり先まで進んだことのある知識のより通俗的な部分と比べても、他のあらゆる知識は価値をもっていないと考えたとすれば、これは虚栄心や狭隘な精神の印であるだけではなく、知性を導くにあたって害を及ぼします。そのような態度は知性を狭い境界内に閉じこめ、知性が知的世界のよその地域を眺めるのを妨げるのです。ところが、よその地域は、ひょっとすると、これまで知性が労働をしてきた地域よりも美しく、もっと多くの収穫をもたらすかもしれません。新しい知識ばかりでなく、自分がすでにもっている知識をよりよく育てる方法やヒントも、そこで見出されるかもしれないのです。

第二三節　神学

（現在の分類に従えば）他の学問分野に抜きん出てそのどれよりも高い地位にある学問が、確かに一つ存在します。それは、腐敗によって一職業や一党派のものへと狭められるものではなく、卑しい目的や悪い目的、そして世俗的利益に仕えるものでもありません。私が言っているのは神学のことです。この学問は、神とその被造物についての知識や、神への義務と被造物である同胞への義務についての知識、さらに私たちの現在と将来の状態への見通しを含むものであり、他のあらゆる知識をその真の目的——創造主に対する敬意と崇拝、および人類の幸福——に向かうものとして包括しています。これはあらゆる人がなすべき崇高な研究であり、理性的被造物と呼ばれる人間であれば、誰でもその研究をすることができます。自然の作品と啓示の言葉は、神学を人類に対して大きなはっきりとした文字で示していますから、ひどく盲目的な人でない限り、その作品や言葉の中にその第一の諸原理と必要最小限の基礎を読み取り、理解することができるでしょう。時間的余裕があり勤勉な人ならば、そこから先、神学のもっと奥深い難解な部分へと進み、知恵と知識の宝が埋まった無限の深みへと入っていくこともできるかもしれません。これは、人々の心を真に拡大するような学問です。ただしそのためには、その学問が説くところの自由と真理愛と慈愛をもって研究がなされること、いやそれが許されること、さらには、神学の本性に逆らって、その研究を闘争、党派、悪意、偏狭な強制の機会にするようなことをしないことが必要です。これについては、ここでこれ以上述べませんが、次の点だけは指摘しておきたいと思います。すなわち、自分の知性を他人の知性の規則や尺度にすることは、明らかに自分の知性を誤って使用することであり、知性にとっては、それはふさわしいことでもなければ可能なことでもない、ということです。

第二四節　偏愛(110)（その二）

他のすべての研究を無価値であるとか軽蔑すべきものと見なすような権限の行使が許されない場合には、人はしばしば、全く関係がなく、何の類縁性もないような知識の他の分野で偏愛に浸り、好き勝手にその偏愛を発散したがります。数学の図形を使って頭脳を働かせるのに慣れている人たちは、その数学の方法を好み、あたかもこれなくしては何も知ることはできないかのように、神学や政治学の探究の中に線や図表を持ち込むことがあります。また、世間離れした思弁に慣れた別の人たちは、自然哲学の探究を、形而上学的な考えや論理学の抽象的一般規則へと変えてしまうのです。化学実験室のやり方で宗教と道徳に対処し、化学の方法と見解によってそれを改善すべきだと考えている人々も、たびたび見かけます。しかし、自分の知性を正しく導き、事物の知識に到達しようと配慮する人は、この種の不適切な混同を避けねばなりません。一つの学問で有益かつ必要であると判明したことに愛着をもっていても、知性を当惑させ混乱させるだけでしかない場合には、他の学問にまでそれを適用することは避けねばなりません。「事物はひどい仕方で管理されたがらない[111]」というのは確実な真理ですが、「事物はひどい仕方で理解されたがらない[112]」というのもこれに劣らず確実な真理です。事物そのものがあるがままに考察されねばなりませんし、しかもそれがなされれば、事物は、それがどういう仕方で理解されるべきかを私たちに示します。というのも、事物を正しく把握するためには、私たちの知性を事物の確固不動の性質やその変更不可能な関係に合わせねばならないのであって、事物を私たち自身があらかじめ抱いている考えに合わせようと努めてはならないからです。

これと同じくらい有害でばかげたもう一つの偏愛が、研究熱心な人たちにごく普通に見られます。あらゆる知識が古代人だけに、あるいは逆に近代人だけに由来するものと見なすような、空想的で分別のない態度がそれです[113]。詩に関して古代をむやみにほめ称える態度がありますが、ホラーティウスは、彼の風刺詩の一つ[114]でこれをウィットをきかせて描き、その姿を暴き出しています。同じような熱狂的態度は、他のどの学問についても見られるでしょう。ある人たちは、かつて知識の巨人であった過去の人物によって権威づけられていない意見は、何一つ認めようとしません。ギリシャやローマの刻印が押されていないものは、どれも真理の宝庫ないし知識に入れることはできないのです。しかも、[彼らは]過去のその時代以降、人々が見たり、考えたり、書くことができたということを到底認めようとはしません。また別の人たちは、同じように途方もないやり方で、古代人が私たちに残したあらゆるものを軽蔑し、近代の発明や発見の魅力の虜になってしまい、それ以前のものをみな斥けてしまいます。あたかも、古いと呼ばれるものは何でも時とともに腐敗せざるをえず、真理もまたカビが生えて腐食するものである、と考えているかのようです。私の考えでは、人間はいつの時代にも、自然の素質においては大体同じようなものです。行動様式や規律や教育が、異なる国々で色々な時代に著しい相違を生み出し、一つの世代の学問や技術を別の世代のそれとはかなり違ったものにしました。しかし、真理はいつでも同じです。時が真理を変えることはありませんし、真理は古代のものであろうと近代のものであろうと、それによって良くなったり悪くなったりはしません。世界の過去の時代において、真理を発見し伝達したことで著名になった人たちは数多くいます。その人たちが私たちに残した知識は研究するに値するものですが、だからといって彼らは知識の宝を全部掘り出したわけではなく、後世の人たちの勤勉や鋭敏さのために多くのものを残しているのです。私たちもまた同じように多くを残すことでしょう。古代のものであるという理由で今誰かが畏敬の念をもって受け容れる事柄は、かつて過去の人たちにとっては新しいことだったのです。また逆に、新奇な事柄として姿を現わしていたとしても、その分だけまずいことになるわけではありません。さらに、今新しさゆえに受け容れられていることは、後世の人々にとっては古いものになるでしょうが、だからといってその分だけ真理でなくなったり、純粋でなくなることもありません。このように説明すれば、古代人と近代人を相互に対立させたり、どちらにつくかに神経をとがらせることはありません[115]。知識を求めて自分の心を賢明に導く人は、古代人か近代人かということにはかかわりなく、とにかくふさわしい方から得られるだけの光明と援助を得ますし、誤謬を崇拝したり、それと混じりあった真理を拒絶することはありません。

さらに、これとは別の偏愛も見られます。人によって、これは通俗的な主義主張への偏愛となったり、異端的な主義主張への偏愛となったりします。ある人たちは、通俗的意見というものは真でしかありえないという結論を出す傾向をもっています。彼らの考えでは、多くの人々の眼がある限り、物が正しく見えないことなど起こりえません。あらゆる種類の知性をもった多くの人々がいる限り、欺かれることはありえないと彼らは考えます。それゆえ彼らは、特定の時と場所における通念を越えて物を眺めようとしたり、自分が隣人よりも賢いというような思い上がった考えをもつこともありません。このような人たちは、群衆について行くことに満足していますから、簡単について行きます。彼らの考えでは、これは正しい方向に進むことであり、少なくとも自分たちに役立つことなのです。しかし、「民の声は神の声」[116]という格言がどれほど流布したとしても、一体どこで神がご自分の託宣を大衆を通じて伝えられたのか、あるいは自然が群衆を通じて真理を伝えたのでしょうか。私の記憶する限り、そのようなことはありませんでした。他方、あらゆる通俗的意見を偽なるもの、あるいは他愛ないものとして避ける人たちがいます。多くの頭をもったケダモノという称号(117)があれば、それが彼らにとっては、重要な真理や価値ある真理をそこに託すことはできないと結論するのに十分な理由となります。［彼らの考えでは］通俗的な意見は、俗衆の能力にふさわしいものであり、統治する人々の目的にうまく合っています。事物の真理を知ろうとする人は、多くの人々が通った常道(118)を離れねばならず、それに対して虚弱で隷属的な心をもった人間のみが、そこをとぼとぼと歩き続けるのに満足する、というのです。これほど繊細な味覚をもった人々は、全く尋常でないような、奇妙な考え方だけを賞味するものです。一般に受け容れられているものには、どれでもケダモノの印がついているのであり、それに耳を傾けたりそれを受け容れることは、自分たちの価値を落とすことだと彼らは考えます。彼らの心はパラドックスばかりを追いかけます。パラドックスを求め、奉じ、それだけを口から出しておいて、自分たちは俗衆とは違うと彼らは考えるのです。しかし、一般に受け容れられているかどうかは真理や虚偽を識別する印ではありませんから、私たちの探究がこれによって偏ってしまってはいけません。私たちは、人々の意見によって事物を判断するのではなく、事物によって意見を判断すべきです。多くの人たちはまずい推論しかしませんから、疑ってみるのももっともです。そのような推論を頼りにすることもできませんし、彼らを確実な案内人としてその後について行くべきでもありません。しかし、社会の正統派の立場を離れ、自分たちの地域で大衆的支持を集めた教義を棄てた哲学者たちは、かつて一般的通念によって支持されたものと同じくらい無茶苦茶で、非合理的な意見をもつにいたっています。低劣な大衆が共通の空気を吸ったり水を飲んで喉の渇きを癒すということを理由にして、空気を吸ったり水を飲むことを拒むとすれば、これは狂気のなせる業でしょう。逆にまた、いまだに一般化していない生活便利品があるとすれば、それがその地方の通常の生活様式の一部になっていないとか、それを知らない村人がいたとしても、そのことはその便利品を拒絶する理由にはなりません。

人々が受け容れているかどうかとは関係なく、真理こそが知識の尺度であり、知性の関心事です。真理から外れたすべてのものは、たとえ［人々の］一致によってどれほど権威づけられ、奇抜さによってどれほど推奨されるとしても、無知にすぎません。あるいは、無知以下のものです。

さらに、また別の偏愛があります。この偏愛によって、人々は自分自身を欺き、自分の読書を自分にとってほとんど無益なものにしてしまいます。私が言っているのは、著者の意見が自分自身の意見にとって好都合であるとわかると、それを利用してその権威を強調するやり方のことです。

学問に専念する人にとっては、読書に研究という名を与えて、熱心な読書家をりっぱな知識の持ち主と同一視したり、あるいは少なくともそれに名誉の称号を与えるような態度ほど有害なものはないでしょう。書いて記録として残すことのできるものは、事実と推論だけです。事実には、次の三種類のものがあります。

1. 自然的作用因(119)だけに関わる事実。諸物体の通常の相互作用において、この自然的作用因を観察することができます。事物をあるがままに放置しておいて、目に見えるそのありさまを観察する場合でも、特別の人為的なやり方で作用因と被作用因を相互に設定して実験する場合でも、このような観察はできます。

2. 意志的行為主体(120)に関わる事実。とりわけ、社会における人々の行為に関わる事実があり、これが社会や道徳に関する事象記述を構成します。

3. 意見に関わる事実。

学問という名で通常呼ばれるものは、これら三種類の事実に基づいていると私には思われます。

この区別に加えて、批評(121)という別の見出しを立てる人もいるかもしれませんが、実際には、これは根本において事実問題に属します。それは、特定の人や集団が特定の語や句を特定の意味で用いたこと、つまり、特定の音声を特定の観念の印にしたことに還元されます。

　推論というものの中に、私は人間理性が行なう一般的真理の発見のすべてを含めます。直観、論証、蓋然的導出のいずれによってその発見がなされてもかまいません。推論だけが知識を構成するものではないにしても（というのは、個別的命題の真理や蓋然性も知ることができるからです）[122]、やはり想像される通り、この推論を行なうことこそが、自分の知性を改善し読書によって知識を身につけると称する人たちにとっては、本来の務めなのです。

　本や読書というものは、知性の立派な補助手段であり、知識の道具であると考えられています。実際、その通りであると認めざるをえません。しかし、ここで許されるならば、本や読書が多くの人にとって障害となっていないかどうか、また、本ばかり読んでいる人たちの多くが、確固たる真の知識に到達できないでいるのではないかという疑問を出したいと思います。これだけは言ってよいと思いますが、知性を入念にゆきとどいた仕方で導く必要があるのは、まさに本の使用に関してです。これがなければ、読書は時間の有効な使い途ではなく無邪気なお遊びになってしまい、私たちの知識にはほんのわずかしか寄与しないものとなります。

　知識の獲得を目指している人たちの中には、次のような人たちが少なからずいます。彼らは、不屈の勤勉さで自分の全時間を本に費やし、寝食を忘れ、読んで、読んで、読みまくっているにもかかわらず、肝心な知識の点では何ら大きな進歩をとげません。進歩がないことは彼らの知的能力のせいだと思われるかもしれませんが、実際には、彼らの知的能力には何の欠陥もないのです。このような間違いが生じるのは、著者の知識が、読書を通じて読者の知性の中へと流れ込むという想定が通常なされるからです。実際、知識は流れ込むのですが、それはただ単に読むことによってではなく、著者が書いていることを読んで理解することによってそうなるのです。私が言いたいのは、それぞれの命題において何が肯定され何が否定されているかを理解する、ということだけではありません（もっとも、熱心な読書家は、常にこのことだけに関心を寄せているわけでもありません）。それだけでなく、著者の一連の推論を看て取り、それを追跡し、その推論の結合の強さと明晰さを観察し、それがどのような基礎に基づいているかを検討する、ということです。これがなければ、どれほど理性的な著者の書いた論述を読んだ場合でも、そこで使用される言語や諸命題をどれほどよく理解したとしても、その著者の知識の一部分たりとも自分のものにすることはできません。著者の知識は、彼が推論で用いた諸観念の確実な結合、あるいは蓋然的な結合を知覚することに存するのですから、読者の知識は、自分でそれを知覚する程度以上に増えることはありません。読者がその結合を看て取る分だけ、彼は著者の意見の真理性や蓋然性について知識を得ることになります[123]。

読者がこの知覚を経験しないで受け容れることは何でも、著者の信憑性に基づいて彼が信用した事柄です。その読者は、この事柄については何の知識ももっていません。このことを考えれば、次のような事態も私には不思議とは思えません。沢山の引用をして、実に多くのことを権威に基づかせ、それを自分の主義主張を支える唯一の基礎としている人たちを時おり見かけますが、彼らはその結果、実際には、また聞きによる知識、あるいは信じきって採り入れた知識しかもっていないのです。つまり、もし自分が意見を借りてきたもとの著者が正しい意見をもっていれば、自分も正しいということになるのです。これは、知識を全くもっていないことと同じです。現代や過去の著者たちは、自分が提示する事実に関する事柄については、りっぱな証人であるかもしれません。したがって、私たちが彼らの権威に基づいてそれを採り入れるのもいいでしょう。しかし、彼らを信頼してよいのはそこまでです。彼らの権威は、理性と証明による別種の審判を受ける[124]意見の真偽の問題に関しては、少しも影響を与えることはできません。彼ら自身も知識を増やす際に理性と証明を用いたのですから、彼らの知識にあずかりたいと考える他の人たちも、同じようにふるまわねばなりません。確かに、彼らが苦労して証明を見つけて、自分の結論の真理性や蓋然性を示す順序にそれを並べたということは、一つの利点です。このことに関して、つまり彼らが証明を集め、それを探し出す私たちの苦労を省いてくれたことに関して、私たちは大いに感謝すべきです。ひょっとすると、私たちはどれだけ苦労してもそのような証明を見つけだすこともできず、あるいは彼らが残してくれたほど明らかな仕方でその証明を並べることもできなかったかもしれません。そういうわけで、私たちを導くような発見や論述を残してくれたことについて、私たちはあらゆる時代の賢明な著者に大変多くを負っています。ただし、それは、私たちがその発見や論述を正しく使うならば、という条件のもとでのことです。つまり私たちは、急いで通読しながらざっと眺めたり、あるいは彼らの意見や幾つかのすばらしい箇所を記憶にとどめたりするのではなく、彼らの推論の中にはいり込み、彼らの証明を検討しなければならないのです。そうして、私たちが著者について抱く意見によってではなく、著者が事物それ自体から導き出し、私たちに提示する明証性や私たちに与える確信によって、主張される事柄の真偽を、あるいはその蓋然性や非蓋然性を判断するのです。知るということは見ることです。だから他人の眼を使って見ているのだと自分に言い聞かせるとしたら、それは正気の沙汰ではありません。たとえ他人がどれほど多くの言葉を使って、自分の主張はとても明白で、はっきり見える、[125]と言ったとしても同じことです。学識ある著者の言うことをどれだけ信じるにしても、私たちがそれを自分自身の眼でみて、自分自身の知性で知覚するまでは、私たちは以前と同じように暗闇の中にいて知識を欠いているのです。

ユークリッド(126)とアルキメデス(127)は知識があり、彼らが書いたものは論証されていると考えられています。しかし、彼らの著作を読んでも、彼らの証明の結合を知覚せず、彼らが示していることを理解しなければ、彼らの使っている言葉をすべて理解したとしても、それだけ知識が増えたことにはなりません。なるほどそういう人は、書いてあることを信じるかもしれませんが、それを知ることはありません(128)。したがって、彼らのような公認の数学者の書いた物をどれだけ読んだとしても、それによって数学の知識は少しも進歩したことにはならないのです。

第二五節　性急さ(129)（その二）

知識を求める心の熱意や強い傾向は、入念に調整しておかないと、しばしば知識［の獲得］にとって障害となります。心は、相変わらずさらなる発見と新しい対象を求めて突き進み、様々な知識に飛びつきますから、ゆっくりと時間をかけてなすべき仕方で目の前のものを調査することなく、見つかっていないものを性急に探求しようとします。早馬で一地方を駆け抜けてゆく人は、過ぎ去るつかの間の景色から、その地形が大体どうなっているかを理解し、ここに山、そこに平野、ここは沼地、そこは川、一方に森林地帯、他方はサバンナ(130)という具合に、大まかな説明をすることができるかもしれません。こういう浅薄な観念や観察ならば、馬で駆け抜けて集めることもできるでしょう。しかし、当然のことながら、彼は土壌、植物、動物、住民に関して、その種類や特性を含めて有益な観察を行なうことができません。また、少しは採掘もしてみなければ、豊かな鉱山を見つけることもできません。自然は、通常その財宝や宝石を岩だらけの地面の下に埋蔵しています。もし問題が困難でその意義[131]が深いところにあるのならば、心は立ち止まり、それに全力を傾け、労力と思考と緻密な観想によってその問題に集中し、困難を克服して真理を獲得するまでそこから離れてはいけません。しかし、ここで逆の極端な方向に走ることを避けるように注意しなくてはなりません。人は、役に立ちそうもない細かい事柄のすべてに執着してはいけませんし、自分が出しうるあらゆる些細な問いや疑いの中に、学問の神秘があると期待するのもいけません。自分の行く先々で立ち止まり、目にとまるありとあらゆる小石を拾い上げて検討しようとする人は、全速力で旅をする人と同じように、宝石を一杯詰めて、裕福になって戻ってくることはないでしょう。真理は、明白であるか困難であるかによって、良くなったり悪くなったりするわけではありません。真理の価値は、その有用性と傾向性によって測られるべきです。無価値な観察をして、私たちの時間を少しでもつぶすことがあってはなりません。同時に、私たちの視野を拡大し、より多くの有益な発見を促すような観察は、たとえそれが私たちの進行を止め、私たちの時間をある程度奪い、ある定まった点だけに注意を向けるとしても、やはり大事にすべきです。

性急さには、もう一つ別のものもあります。これを放っておいて、それが導くままにしておくと、それは心を誤った方向に導いてゆきます。実際そのようなことはしばしば起きています。知性は、本来、多様な仕方でその知識を得たがる（それゆえ、知性は知識のある部分を飛び越えて、別の部分へと早くたどり着こうとする）ばかりでなく、一般的公理(132)を基礎づけるに足るだけの個別的諸事実を然るべき仕方で検討することなく、一般的な所見や結論へと急いで、より多くの見解をもちたがるものです。これによって一般的公理のストックが増えるようにも見えますが、実は、現実のものではない空想のストックが増えます。このように脆弱な基礎の上に立てられた理論はぐらぐらしていて、ひとりでに倒れないにしても、少なくとも反対派からの攻撃にあえば、自らを支えて立ってはいられません。こうして、一般的見解や十分な基礎づけのない理論をあまりに急いで自分なりに確立した人は、あわてて採り入れた公準を自分で検討したり、他の人から攻撃を受けるようになると、その自分の知識のストックによって欺かれることになります。個別的な諸事実から導き出された一般的所見は知識の宝であり、狭い場所の中に多くのものを貯蔵しています。しかし、それだからこそ、偽物を本物と取り違えて、私たちのストックが厳格な検査を受けた時に一段と大きな損失と恥を招くことのないように、この一般的所見を導き出す際には、それなりの十分な配慮と注意を払うべきです。一つか二つの個別的事実が探究の手がかり(133)を示唆するかもしれませんから、この手がかりを見逃さないでおくのはうまいやり方です。しかし、これを結論に変えてしまい、すぐに一般規則にしてしまったら、これは確かに先へ進むことではあるものの、十分な保証なしに諸命題を真であると仮定して、これによって自分自身を欺くことになるだけです。すでに述べたように、[134]［単なる個別的事実の］観察結果を残すということは、頭脳を素材の倉庫にするということであって、この素材はおよそ知識と呼ぶことはできないものです。少なくとも、この素材は、使用するためにきちんと並べられていない、ただ積み上げられた木材のようなものでしかありません。あらゆることを一般的所見に変えてしまう人は、これと同じくらい役に立たないものを沢山もっていて、さらに、もっと多くの虚偽をこれと混ぜあわせていることになります。どちらの極端な態度[135]も避けるべきであって、自分の知性を両極の間の適正な中間点に保持しておく人こそが、自分の研究対象を最もよく説明することができます。

第二六節　予断(136)

自分の心に最初に光とかたちを与えたものを愛好してしまい、探求する活力や勤勉さをもっていないからでしょうか、それとも、正しかろうと間違っていようと知識らしく見えるものに満足して、一度それを手に入れたら放さないという態度をとるからでしょうか、いずれにしても次のことは明らかです。多くの人は、自分の心が最初に予期するものに自らを委ねきってしまい、最初に心を占拠した意見をとても頑固に守ろうとします。彼らはしばしば、自分の第一子を愛するかのように最初に心に浮かんだ考えを愛し、一度下した判断や一度心に抱いたどのような推測や思いつきも決して撤回しようとしません。これは知性を導く際の一つの過ちです。なぜなら、心のこの堅固さ、いやむしろ硬直性は、真理への執着ではなく偏見への服従から生じているからです。これは先入観に対する敬意であり、理にかなったものではありません。それによって私たちは、（探究していると称する）真理に対してではなく、何であれ、たまたま私たちが光をあてたものに対して崇敬の念をもつことになります。これが私たちの能力の使い方として不合理であることは明らかです。このように心を最初の占拠者の権力に委ねてしまうことは、心を売り払ってしまう卑しい行為にほかなりません。これを知識に到達する正しい方法として決して認めてなりません し、決してこれに従ってはいけません。（知性の務めは、知性そのものを、知性が外部の対象に見出すもの[137]と一致させることですが）その知性が、それ自身の頑固さによってこの本来の務めを逆転させ、事物の不変の本性を心それ自体が下す性急な決定に一致させるという不可能なことを成し遂げない限り、右の方法を認めたり実行してはなりません。たとえ私たちが何を空想しようとも、事物は自らの道を離れることはなく、事物の相互の繋がりや対応や関係は同一の状態で維持されます。

第二七節　判断放棄

これとは逆ですが、反対の側でも、似たような危険な行き過ぎが見られます。いつでも自分の判断を放棄し、自分が聞いたり読んだりした最後の人の判断に従う人たちがいるのです。真理がこのような人たちの心に浸透することは決してなく、そこにわずかの色を添えることもありません。彼らはカメレオンのように、自分の前にある物の色に同化し、そうかと思えばすぐにその色を失い、たまたま自分のそばにある次の色にすっかり変わってしまいます。私たちが意見を提示したり受け容れる順序は、意見の正しさを示す基準ではありませんし、どの意見を選択するかを決める原因となるべきでもありません。ここで最初か最後かというのは、偶然の結果であって真偽の尺度ではありません。これは誰もが認めざるをえないことです。したがって、真理の探究を行なうにあたっては、誰でも、この種の偶発事の影響を受けないように自分の心を保持すべきです。自分の確信が新しいものであるから、あるいは、最初に同意しそれ以来考えを変えなかったから、といった理由で自分の見解を保持するのであれば、自分の主義主張をクジを引いて(138)決めたり、自分の確信をサイコロを投げて調整するのも、同じように理にかなったことになるでしょう。様々な理由を十分に考慮した上で、判断はなされるべきです。心はいつでも、これらの理由に耳を傾け、それに服従できるような状態にあるべきです。心は、それらの理由に証言させ投票させることによって、いかなる主義主張をも無差別に扱い、それを支持したり拒否したりすべきです。全く初めて出会った相手でも、昔なじみであっても、そのようにふるまうべきです。

第二八節　練習[139]

心の諸能力は訓練によって改善されますが、その強さを超えるような負担をかけてはいけません。「両肩が何を運ぶだけの力をもち、何を運ぶには耐えられないか[140]」ということが、あらゆる人の知性の尺度にならねばなりません。りっぱに仕事を遂行するだけでなく、自分の能力の勢いを維持したいと願い、難しすぎることを設定して知性をくじきたくない人にとっては、これが尺度となるべきです。重すぎるものを持ち上げようとすれば身体に過度の負担がかかるように、心はその力を超える仕事に取り組むと、それがもつ強さをくじいてしまい、そのためにそれ以降どんなに精力的な試みにも適さなくなったり、それを嫌悪するようになります。切れた腱がもとの強さを回復することは稀ですし、少なくとも、捻挫をしやすい脆い状態は後々まで続きます。その記憶はもっと長く残り、植えつけられた警戒心はうすらぐことなく、局部をまたすぐに激しく使ってはいけないのだと思うようになります。心も、その力以上の試みをして疲れ切ってしまえば同じようになり、将来にわたって無能力化してしまうか、あるいは、以後どのような精力的な企てがなされる場合にも立ち止まって躊躇してしまいます。少なくとも、思考と省察を要する問題に関しては、それに心を向けてもう一度その力を行使することは、ほとんど不可能となります。もし思考の強さと心のもつ全勢力が試されるような、知識の中でも難解な紛糾した部分に知性を向けるというのであれば、徐々に気づかない程度に進むべきです。漸進的に進んで行けば、どんなことでも知性にとって難しすぎるということはありません。このような緩慢な進み方ではいつまで経っても学問的レベルには到達しない、といった反論は的外れです。継続によって人がどれほどのことを達成できるかは想像できるものではありませんし、いずれにせよ、足を骨折して不具になってしまうよりも、しっかりとした足どりでゆっくりと歩いた方がいいのです。子牛から始める人はやがては雄牛を運ぶこともできるかもしれませんが、初めに雄牛に飛びつく人は、自分の能力を破壊してしまい、後で子牛を持ち上げることもできません。徐々に心を集中させ綿密な思考を行なうように方向づけてしまえば、以後心は難問に対処し、自らを傷つけることなく難問を克服することができます。そうすれば、心はその力を全面的に開花してゆくでしょう。どのような難問も、どれほどやっかいな問いも、その心を惑わし落胆させ破壊することはなくなります。備えのできていない心を異常な緊張に向かわせて、落胆させ意気消沈させてしまうようなことは確かに避けるべきです。しかし、だからといって、困難にしり込みする気持ちが強すぎて、何の思考や専心も要求しない平凡でわかり切った事柄の周辺を、だらだら歩き回るようではいけません。これは知性の価値を落とし、知性を弱体化させ、骨の折れる仕事には向かない弱々しいものにしてしまいます。それは、事物に対する何の洞察も透徹した理解ももたずに、事物の表面をうろつき回るようなものです。いったん心を、わかり切った事物の表面の部分でこのような怠惰な休息と安心に慣らしてしまうと、心は満足してそこに留まってしまい、もっと深いところへは降りていかなくなる危険性があります。降りていくためには、苦労し地面を掘ることが必要だからです。もっと奥深くに隠された、より貴重な秘密を発見するには、心の中で苦労して事物をひっくり返したり倒したりしなければなりませんが、最初に見た時に容易に視界にはいってくるものを採り入れることにしばらくでも慣れた人は、当然のことながら、自分はそういう心の苦労をもう二度と引き受けることはできないのではないかと思うようになります。

学問をする人たちにとって、学問を始める最初の段階で身につけた学問方法が、一生涯彼らに影響を与え、威圧的な畏敬の念によって彼らの心にしっかりと根を下ろすのは、不思議ではありません。特に、この学問方法があらゆる場所で採用されることによって確立されたものであれば、なおさらそうです。学問をする人は最初は信じなければならず、しかも師の諸規則が彼らに対していったん公理として定められると、それは公理としての威厳を維持し続けます。それらの規則は、獲得したこの権威によって、踏みならされた道で迷うことになっても言い訳をすれば大丈夫だと考えるような人たちを、誤った方向へと導いてゆきます。これは驚くにはあたりません。[141]

第二九節　言葉

言葉の濫用については別のところで詳しく述べましたから、ここでは、学問がこの種の言葉で溢れているという反省に立って、自分の知性を正しく導こうとする人たちに警告を発しておくことにします。たとえスコラ主義の言語がどれほど名辞を権威づけていようとも、その名辞の観念を獲得するまでは、それが何かを表わしているものと考えてはなりません。なるほど、幾人もの著者が、ある語を頻繁に使い、大きな信頼がそれに寄せられているかもしれません。彼らはまた、あたかも何らかの実在する存在者を指し示すかのように、その語を使うかもしれません。しかし、もし読者がその存在者の判明な観念を形成することができないのならば、その人にとっては確実に、それは意味のない、単なる無内容な音声でしかありません。その存在者についてたとえ何が語られ、何が帰属させられようとも、読者が学ぶことといえば、単なる無内容な音声についての言明でしかありません。知識において進歩をとげることを願い、自分を欺いたり、少しばかりの空気を吸い込んで

(142)(143)(144)

はっきりと発音することで得意がりたくない人は、次のことを基本的な規則として定めておくべきです。すなわち、言葉と物とを取り違えない、さらに、本の中の名前は自然の中の実在的事物を意味表示するとは限らないので、その事物について明晰かつ判明な観念を作り上げるまではそういう想定をしない、ということです。私が、**実体的形相**や**心的形象**(145)という言葉を取りあげ、それらをこの種の無意味な名辞であると考えてよい理由があると言ったとしても、おそらくそれはなかなか認められないでしょう。しかし、こういう名辞は、それが表わすものについていかなる確定された観念も作ることのできない人にとっては、全く無意味であると私は確信しています。しかも、ある人がその種の名辞についてたとえ何を知っていると思っていようとも、それは、その人が何でもないものについて、それだけ知識をもったということです。せいぜい彼は、学識ある無知を溜め込んだにすぎません。数多くのこのような空虚な名辞が、一部の学識ある著者の作品に見られると思われますが、それにはそれなりの理由があります。自分の知性が事物から概念を獲得し(146)、その概念で自分を装備することができない場合に、彼らは自らの思想体系を補完するために、このような名辞に頼るのです。しかし、これらの名辞やそれに類する名辞に対応して何らかの実在する物が自然の中にあると想定したからこそ、自然研究において相当混乱してしまった人もいれば、ずいぶん間違った方向に進んでしまった人たちもいるのだと思います。

どのような言説においても、「何であるか知らない」[147]という意味をもつものは、「どのような場合にであるか知らない」ものと見なされるべきです。人々が何らかの概念[148]をもっている場合には、たとえそれがどれほど奥の深いものであり、どれほど抽象化されたものであっても、彼らはその概念とそのために使われる名辞を説明することができます。というのも、私たちの概念は観念にほかならず、その観念はどれも単純観念[149]から成り立っているからです。彼らが、言葉が表わす観念を提示することができない場合には、彼らが何の観念ももっていないことは明白です。ある人がいかなる概念も、いかなる判明な概念ももっていないのであれば、その人の概念を探し求めたとしても全く無駄というものでしょう。学問的な名辞が何を意味するかを本人が知らないのであれば、その人がそれを使って私たちに何かを知らせることなど不可能です。たとえ私たちがどれだけ時間をかけ、どれだけ頭を使って悩んだとしても同じことです。私たちが自然のあらゆる作用と働き方を理解できるかどうかということは、探究しなくてもよい事柄ですが、私たちが、自然の作用や働き方について判明な概念をもつ分だけしか、それを理解することはできない、ということは確実です。したがって、判明な概念をもっていないのに、あたかもそれが何かを内に含んでいる、いやむしろ隠しているかのようにずうずうしく名辞を使うのは、ある仮説や私たちの知性の欠陥を覆うための策略にすぎず、学問的虚栄の現われでしかありません。言葉というものは、何かを隠すためではなく何かを明言し示すためのものですが、教育者と称する人たちが言葉を違った風に用いると、本当に何かが隠されてしまいます。しかし、彼らが隠すものと言えば、話す人の無知や誤謬や詭弁でしかありません。実際、これ以外には、何も隠されていないのです。

第三〇節　さまよう心[150]

この試論の前の方で触れましたが[151]、私たちの心の中には諸観念の絶え間ない継起と流動があります。誰でもこれを自分の中に見出すことができます。知性を導く際には、私たちはこのことに一定の注意を払うべきであると思います。もし私たちが、慣れによって心に対する支配力を獲得し、この諸観念の連鎖を指揮することができれば、大変有益なことではないでしょうか。新しい観念は絶え間なく継起して、私たちの思考に永続的にはいってきますから、選択によって、現在の探究に関係のある観念以外はどれも視野に入らないようにしたり、私たちが行なう発見のために一番有益な順序でその観念の継起を指揮することができるかもしれないのです。少なくとも、無縁の、探してもいない観念が姿を現わそうとしても、それを拒否して心を現在の探究に集中させ、その観念が私たちの思考を連れ去り当面の問題から引き離してゆくのを阻止することができれば、とても有益です。これは、想像するほど簡単にはできないかもしれません。そうだとしても、おそらくはこのこ[152]

とが、主要な原因ではないにせよ一つの大きな原因となって、生来平等の才能をもっていた人たちの間に、推論能力の大きな格差を生みだしてしまうのかもしれません。さまよう思考に対する適切で効果的な治療法が見つかれば、喜ばしいかぎりです。それを提案すれば、人類の中の研究熱心で観想を行なう人たちに大きな貢献をするでしょうし、おそらく、思考しない人たちには、思考するようになるための手助けを与えることでしょう。実は、これまで私は、私たちの思考をその本来の仕事に集中させ続けるための方法として、できるだけ努力すること、そうして反復によって注意と専心の癖をつけること以外には何の方法も見つけていないことを認めざるをえません。子供たちをよく観察する人は、最善の努力をしているときでも、彼らは心が散漫になるのを抑制できないことに気づくものです。それを治すのに、ひどくしかったり叩いたりするのは適切でないと私は確信しています。その理由は、子供たちの頭が、恐怖や不安や混乱から生じるありとあらゆる観念ですぐに一杯になるからです。子供たちを本来の道へと導き入れ、少しも叱責せず、(できることなら)彼らがうろうろしていることを気にとめることすらせずに、彼らが進むべき道を先に歩いてみせて、さまよう思考をやさしく連れ戻してみましょう。(153) 私が思うには、手荒な方法は、子供たちの思考をかえって散漫にし、専心を促進するどころかそれを阻んで正反対の習慣を導き入れてしまいます。しかし、この方法を用いれば、いかなる手荒な方法に頼るよりも早く、子供たちの心を精神集中へと向かわせ、慣らすことができます。

第三一節　区別

（私が言葉の意味を誤解していないとすれば）区別と区分[154]は大いに異なるものです。後者[155]［＝区分］は、自然が諸事物の中に定めた差異を知覚したものであるのに対し、前者［＝区別］は、いまだに区分がない所に私たちが区分を立てることです[156]。少なくとも、もし二つの語をこのような意味で考えてよいとすれば、両者に関して次のことが言えると思います。すなわち、区分は、存在しうる真の知識にとって最も必要かつ有益なものであるのに、区別は、立てすぎると知性を困惑させ混乱させるだけであるということです。事物の中にあるどのような小さな差異でも観察できるということは、素早く、はっきりと物を見る視力がある証拠です。この視力は知性を安定した状態に保ち、知性をまっすぐに知識へと向かわせます。ところが、自然に見られるあらゆる多様性を識別することは確かに有益なのですが、諸事物におけるあらゆる差異を考察し、その差異ごとに事物を別々の集合へと区分するのは適切ではありません[157]。この方法に従ってゆけば、私たちは個物に行きつくことになり（なぜなら、あらゆる個体は、それ自身を他の個体と異なったものにする何かをもっていますから）、いかなる一般的真理を確立することもできなくなってしまうか、あるいは、一般的真理に関して少なくとも心を当惑させてしまいます。異なる事物を幾つかの集合に分けてまとめることは、より一般的な、より幅広い見解を心にもたらします。しかし、事物が実際に一致する点においてのみ、また一致する限りにおいてのみ、事物をまとめるように注意しなければなりません。その範囲内でならば、事物はひとまとめにして考察されてよいのです。というのは、あらゆる事物を包括するところの存在それ自体は一般的であるものの、やはりそれが私たちに明晰で理性的な［区分と統括のための］諸概念を提供してくれるかもしれないからです。私たちが一体何を考察しているのかを比較検討して心に留めておけば、もっと区別(158)を立てるべきかどうかという時には、それが私たちを最もよく導いてくれます。更なる区別は、然るべき仕方で行なった事物の観想からのみ取り出されるべきです。これと正反対なのが、言葉の上で区別を立てる技術です。このような区別は、恣意的に作られた学問上の名辞を用いて好き勝手に立てられ、判明な考えを理解したり伝達することもなく、でたらめに使われます。したがって、これは、わざとらしい話や論争での空しい騒音には大変ふさわしいものですが、困難を解決したり知識に進歩をもたらすことは一切ありません。どのような問題を検討して知識を得ようとする場合でも、可能な限り、[159] 私たちはその問題を一般的で幅広いものにすべきだと思います。その問題についての観念が固定され確定されていれば、これに危険が伴うことはありえません。なぜなら、この場合私たちは容易にその観念を他のいかなる観念からも区別し、それらがたとえ同一の名前のもとに包摂されていたとしても区別するからです。実際、数多くの区別が立てられ、その区別を用いることが大いに必要だと考えられるようになったのは、曖昧な言葉による意味のもつれや、それに基づく偉大なる詭弁術に対して防衛するためだったのです。しかし、あらゆる判明な抽象観念が、それぞれ判明で知られた名前をもっているとしたら、これだけ多くのスコラ的区別はまず必要ないでしょう。もっとも、その場合でも、心が諸事物の中にある差異を観察し、そこから諸事物を相互に判別するということは、やはり必要です。[160] したがって、学識ある人たちの著作にしばしば溢れている、あの人為的なスコラ的区別を探し求めたり、それをたくさん頭に詰め込むことは、知識に到達する正しいやり方ではありません。時には、彼らが扱っている対象は、区分された上にもさらに細かく区分されていて、もっとも注意力のある人の心ですら、その対象を見失うほどになっています。おそらくは、著者自身も対象を見失っているのではないでしょうか。実際のところ、粉々に砕かれ塵となってしまった事物の中に、秩序があると言ってみたり、そのふりをしたり、明晰さを探し出そうとしても無駄です。区分を増やし過ぎたり少なくしすぎて混乱を引き起こさないようにすることは、思考における一つの大きな技術です。このことは、思考を写しとることに過ぎない書く作業についても言えます。どちらの場合も、二つの悪しき行き過ぎに陥らずに中庸を得ることができるのがどの範囲までであるかを、言葉で示すのは難しいと思います。私の知る限り、明晰判明な観念だけがそれを調整することができます。言葉の上での区別が受け容れられ、それが普通名辞に適用されたもの、つまり多義的な言葉は、真の知識と哲学の対象であるよりも、むしろ批評や辞典の対象とされるべきだと思います。なぜなら、概して批評や辞典こそが、言葉の意味を説明しその幾つかの異なる意味を示してくれるからです。名辞を巧みに操作できることや、名辞を用いて**論戦する**(161)能力があることは、確かに世間では大きな学問的能力として通用していますが、これは知識とは異なる別の学識に関わるものです。なぜなら、知識は諸観念の相互の繋がりや関係の知覚だけに存するものであって、これは言葉なしになされるものだからです。音声の介在は、知識にとって何の手助けにもなりません。このことから、知識がもっとも多く存在する場合には区別をもっとも少なく用いることがわかります。つまり、数学では、人々が確定された諸観念をもっていて、知られた名前がそれについているので(162)、意味が曖昧になる余地はなく区別を立てる必要はない、ということです。議論する際には、論敵は、自分の疑わしい表現に相手を巻き込むために、できる限り幅広い曖昧な意味の言葉を使います。これは当然予想されることであって、応答する側は、自分の番になると、できる限り区別をして、どれだけ区別をしてもしすぎることはないと考えます。実際のところ、真理もなく知識もないにもかかわらず勝利を得ることのできる場合には、そのような区別はどれだけけしてもし足りないのです。論争術とはこのようなものではないかと私には思えます。一方で自分が論じる時には、できるだけ相手を罠にかけるような仕方で自分の言葉を用い、他方では、論敵が身動きできないように、あらゆる名辞にできる限り色々な区別をつけておくのです。その結果、この種の学問においては区別することに限界はなくなり、鋭敏さの源泉がそこにあると考えるような人たちもいたわけです。こうして何を読み何を考える場合にも、区別を好きなように立てて、少なくとも事物の本性が要求する程度を超えて区分を増やすことが、(163)彼らの大きな務めとなりました。すでに述べたように、これに対処するには、諸事物のあるがままの姿を然るべき仕方で正しく考察するということ以外に、方法はないと思われます。確定された観念を自分の心に固定し、それにつけられた名前もあわせてもっていれば、相互の差異を識別することができますし、これこそが本当の意味で区別するということです。(164)さらに、言葉の貧困のためにすべての判明な観念に対応する名辞がない場合には、幅広い曖昧な意味をもった名前を使わざるをえませんが、この名前には、区別するための適切な名辞を結合することができます。私の知る限り、区別するための名辞が必要とされるのはこの場合だけです。この種の言葉上の区別においては、意味を区別するために結合したすべての名辞は、判明な観念につけられた、新しい判明な名前にほかなりません。そうして、人々が言葉の上での区別に対応する明晰判明な概念をもっていれば、それらの区別は正しいものであり、考察している問題において何かを解決するのに役立つ限り、それらの区別は適切です。これこそは、区別と区分に関する唯一の適切な尺度であると私には思えます。自分の知性を正しく導こうとする人は、この尺度を、発明の才能や著述家の権威の中に探し求めてはいけません。自分自身が行なう省察によってであれ、本から学ぶことによってであれ、私たちがその尺度を見出すとすれば、それは事物それ自体の考察においてでしかありません。

これとは逆の欠陥も知性に見られます。少しでも類似が見られる事物を一緒くたにしてしまう傾向がそれです。[166] これは知性を必ず誤った方向に導きます。事物をこのように混ぜ合わせることによって、心が事物について判明かつ正確な概念をもつことは阻まれます。

第三二節　喩え(166)

そこでこれに加えて、その近親にあたるもの、少なくとも名目上の近親者に触れておきましょう。(167)［私たちには、］何か新しい考えが示されるやいなや、心が喩えを追い求めることを許し、喩えによってその考えを分かりやすいものにしようとする傾向があります。私たちの思考を他人に説明するのには、これは優れたやり方であり役に立つかもしれません。しかし、何に関してであれ、真なる考え方を私たちの中で確定する場合には、これは決して正しい方法ではありません。なぜなら、喩えは、常に部分的な効果しか期待できないからです。また、正しく思考しようとする場合には私たちの概念は事物に厳密に対応すべきですが、喩えがこの厳密さに到達することはないからです。確かに、喩えを使えば、人はもっともらしい話をすることができるようになります。実際、自分の思考を他人の心の中にとても簡単に楽々と移し入れてしまうような人たちは、話をすればとても喜ばれ、他の人たちから歓迎されます。その人たちの思考がきちんと形成されたものなのか、事物と対応していないのかどうかということは、この際どうでもよいのです。やさしいやり方でなければ、ほとんどの人は教えてもらいたがりません。話の中で空想を刺激し、流れ出る言葉とともに、たちまち聞き手を魅了し心を奪ってしまうような人は、話し手として称賛され、明晰な思考をもった代表人物としてまかり通ることになります。これほどの貢献をするものと言えば、喩えよりほかにはありません。喩えによって、人々は自分自身の理解度がよくなったと思うのですが、それは喩えがそれだけ理解しやすいものだからです。しかし、正しく考えるということは、自分の思考が正しかろうが間違っていようが、ともかくそれを他人に上手に明晰に伝えるための適切な方法を知る、ということとは全く別です。明喩や暗喩や寓話は、きちんと系統的に選び抜かれたならば、他のどんなものよりもこの伝達をうまくやってのけます。なぜなら、その喩えはすでに知られている対象から取られ、知性に馴染んでいるために、話に登場するやいなやそれが心に受け容れられるからです。しかも、喩えにおける対応関係が完結すると、喩えが説明し解明しようとした事物も理解されたものと思われます。こうして空想が知識としてまかり通り、素敵な言い方で表現されたものが、堅固なものであると誤解されます。私は比喩を非難したり、話に添えられるあの装飾を取り去ろうという意図があって、こういうことを言うのではありません。私がここで相手にしているのは、修辞学者や演説家ではなく、哲学者たちであり真理を愛する人たちです。そこでその人たちの許しを得て、一つの規則を提示しておきたいと思います。この規則に従えば、何を思考の対象として知識の改善を目指している場合でも、彼らが自分の目の前の対象をそれ自体あるがままの姿で真に理解しているかどうかを判定できます。どうやって判定するかと言えば、彼らがその対象を自分や他人の前に置く際に、よそから借りてきた諸々の表象や観念だけしか用いていないのではないか、という点に注意するのです。このような借りものの表象や観念は事物には無縁であり、私たちがそれらを調整し、考察の対象に適合させてはじめて、対象との何らかの対応関係がわかったり、類似を想像することができるようなものです。喩えや比喩を用いた表現は、心がまだ完全に慣れてはいない、難解で見慣れない諸観念を例示するのには十分役に立ちます。しかし、そうであれば、比喩的表現は、私たちがまだもっていない諸観念を色づけして示すためにではなく、私たちがすでにもっている諸観念を例示するために用いねばなりません。このような他所から借りてきた示唆的な諸観念は、本物の堅固な真理に付き従い、それが見出される時に、その真理を引き立たせるかもしれません。しかし、それは決して真理の代用とされてはならず、それを真理と取り違えてもいけません。もし私たちのあらゆる探求が、いまだに明喩や隠喩の域を出ていないのであれば、私たちは自信をもって、自分にこう言い聞かせることになります。私たちは知っているのではなく空想しているのであり、事物の内部や実在がどのようなものであれ、いまだにその地点まで見通してはいない、そうして事物それ自体ではなく、私たちの想像力が提供するものに満足している、と。

第三三節　同意[168]

知性を導くこと全般に関して、いつ、どこで、どの程度まで同意を与えるべきかを知ることは最も重要です。しかも、これほど難しいことはおそらく他にありません。同意を与えるか控えるか、またどの程度まで同意を与えるかは、事物がもつ明証性によって調整されるべきである、といとも簡単に言われていて、誰もこれを疑問視しません。しかし、この規則によって人々の立場が改善されているかといえば、そうではありません。私たちは、それを目の当たりにしています。わずかの根拠に基づいて教義を固持する人もいれば、根拠なしにそうする人もいますし、見た目に反して教義を固持する人もいます。確実性を認める人たちがいて、彼らの立場を変更させることは不可能であるかと思えば、他方では、万事において立場をぐらつかせる人がいて、万事を不確実なものとして斥ける人たちが必ずいます[169]。さて、それでは初心者、探究者、よそから来た人間は、どうしたらよいのでしょうか。私は、自分の眼を使いなさい、と答えます。事物には対応関係があり、観念には一致と不一致があります。これらの関係を識別する程度にはずいぶん差がありますが、人々は、その気になりさえすればそれを見ることのできる眼をもっています。ただ、その眼がかすんだり眩《くら》んだりして、眼の識別能力が損なわれたり失われたりするだけです。利害や情念は眼を眩ませます。自分の確信に反してどのような立場に立ってでも論じるという習慣は、知性をかすんだものにし、真偽を明晰に識別する能力、それゆえにまた正しい立場に固執する能力を徐々に失わせます。誤謬をもてあそび、それに真理の装いを与えて自分たちや他の人たちに示すのは危険なことです。心は徐々に、本物の堅固な真理を見分ける生来の能力を失い、気づかぬうちに、真理の外観をわずかに装っただけのものに馴染んでしまいます。しかも、最初は面白半分に、判断力の地位を空想に譲ったとしても、後には習慣によって空想がその地位を簒奪してしまい、この（気に入ってもらうためにしか研究しない）追従者が推奨することが、よいこととしてまかり通ることになります。詭弁の道はとても多く、この空想という宮廷衣装師は、色彩や外観や類似を生みだすための実にすばらしい技術をもっていますから、真理そのものしか認めないように注意して、それ以外のものには心を服従させないよう細心の配慮をしておかないと、誰でも引っかかってしまいます。信じる気になっている人は、すでに半分は同意しています。また、しばしば自分の分別心に反して論じ、そうして他の人たちに虚偽を押しつけてしまう人は、言っていることを自分で信じているのと大差ありません。こういうことをすれば、真理と虚偽の間の大きな隔たりは取り除かれ、両者はほとんど一緒くたにされ、取りあげた事物はこんなにも似通っているのだから何の大きな違いも認められない、ということになります。事物がこういう状態に持ち込まれてしまうと、情念や利害などが、知覚を介することなく、どちらが正しいかを容易に決めてしまいます。

第三四節　不偏不党性[170]（その二）

先に述べたように[171]、私たちはあらゆる意見に関して完全に不偏不党性を保持すべきであって、どれか特定の意見が真であることを望んでもいけませんし、それを真であるかのように見せようとしてもいけません。不偏不党であるからには、明証性が、明証性のみが真理の証を立てるところに従って、意見を受け容れ支持しなければいけません。このようにふるまうならば、つまり、意見に関して自分の心を不偏不党の状態に保ち、明証性だけによって自分の心を決定するならば、いつでも知性は、明証性の有無を判定し、明白な明証性と疑わしい明証性を区別できるだけの知覚をもつことがわかります。また、同意を与えたり拒んだりする際にいつもこの基準を用いるならば、安心して自分の意見をもっていられます。おそらく、そうする人はほんのわずかしかいないかもしれませんが、この用心をしておけば別の利点も生じます。人々は、考察へと向かうようになり、現在行なわれている以上に、検討することが必要であると考えるようになります。この用心がなければ、心は矛盾の受け皿になり下がってしまい、真理の貯蔵庫ではなくなってしまいます。この不偏不党性を自分の中で保持し、ひたすら真理だけを求め、想定された真理でなく明証的に示された真理だけを求めることをしなければ、自分の眼に色メガネをかぶせ、偽りのレンズを通して事物を眺めることになります。そうして、自分で偽りの外観をつくり出しておきながら、自分はその外観に従っても構わないと考えてしまうのです。私は、誰もが、いかなる真理をも示しうる根拠と明晰さに応じた仕方で、同意を与えるようになるだろうとか、人々が誤謬から完全に免れるだろうとは期待していません。人間の本性をどのような手段で発展させたとしても、そこまで発展することはないからです。私は、そのような到達不可能な特権的立場を目指すべきだと言っているのではありません。自分自身の心を公平に取り扱おうとし、自分の能力を正しく用いて真理を探究しようとする人たちが、何をなすべきであるか、私はそれを語っているにすぎません。私たちにとって能力が足りないというよりも、能力にとって私たち［の努力］が足りないことの方がはるかに多いのです。人々が正当に不満を述べることができるのは、能力の欠如ではなく能力の誤った使い方に関してですし、彼らが自分たちと違っている人々を見て実際に不満を述べているのは、この使い方に関してです。真理のみを求め、それ以外のすべてのものには中立性を保持し、明証性を知覚する前に自分の同意を与えたりその程度を超えて同意することを許さなければ、人は検討するようになります。しかも、思い込みを排して公平に検討するようになります。そうなれば誰でも、自分の地位や立場に必要な真理が手にはいらないといって途方にくれたり、そのような危険に身をさらすことはありません。この方法を取らない限り、全世界の人々は正統派になるように運命づけられています。(172)人々は自分の地方や党派の公認の意見を最初に吸収してしまい、一度たりともその真理性を疑問視しません。それを検討する人は百人に一人もいません。彼らは、自分たちが正しいと思い込むことによって称賛されます。考察をする人は、正統派の敵です。その人が、公認の教義のある部分から逸脱する可能性があるからです。こうして人々は、自分自身の勤労や獲得によらずして、局地的な真理(というのは、これはどこにおいても同一であるような真理とは違いますから)を相続します。そうして、明証性なしに同意する習慣を身につけます。これは、ふつう考えられている以上に影響を及ぼします。あらゆる党派において熱狂的で頑迷な信者のうち、自分が頑なに守っている主義主張を検討した人は百人に一人もいそうにありませんし、検討することを自分の仕事であり務めであると考えた人もいないようですから。検討が必要ではないかと思えば生ぬるいとされ、検討をしようとすれば変節の傾向ありという嫌疑がかけられます。もし人が、自分の重大な関心事において、一度も特定の立場の明証性を検討せずに、積極的かつ猛烈にその立場を支持する方向に心を傾けることができるのであれば、それほど重要でない事柄においては、この人が正しさへと通じるその安易な近道にはいり込むことを妨げるものは、もはや何もありません。こうして私たちは、自分の身体ばかりでなく自分の心も、今はやりのファッションで覆うようにしつけられます。そうしないと変人であるか、それ以下のものとして評価されることになります。この慣習（これにあえて異を唱える人がいるでしょうか）がはびこる限り、近くのものしか見ない頑迷な信者と、用心に用心を重ねる懐疑主義者が生まれます。この慣習から離脱する人たちは、異端となる危険に身をさらすことになります。世界中で、真理と正統派が一緒になって占拠している所は、いったいどれくらいあるでしょうか。後者、つまり正統派だけが、誤謬や異端についての判断を下します（幸い、正統派はどこにでもいます）し、議論や明証性は、この論争では何の意味ももちませんし許されません。とにかく、その土地の不可謬の正統派が、あらゆる人々の集まりにおいて議論や明証性を確実に打ち負かしてしまうのです。これが真理と正しい同意に向かう道であるかどうかを判定するのに、人間が居住しうる地球上の様々な地域で勢力をもち、指図を出している様々な意見を用いてみてはどうでしょうか。私は未だかつて、真理はそれ自身の明証性に委ねられなくてもよい、ということが理にかなっていると思ったことはありません。もし真理がその明証性によって支えられなければ、誤謬に対する防壁はなくなり、真理と虚偽が、同じ事物を指す単なる名前になってしまうことは確実です。したがって、誰でも、明証性のみによって自分の同意を規制するように教えられます（し、また教えられるべきです）。そうなった時に、またそうなった時だけ、人は自分の同意に従って正しい道を進むことになります。

知識を欠いている人たちは、通常、次の三つの状態のどれかにいます。全く無知の状態、自分がかつて受け容れたか、あるいは現在受け容れたがっている何らかの命題を疑っている状態、あるいは最後に、一度も検討したことがなく、十分な根拠をもつ議論によって納得しているわけでもないのに、確信して［その命題を］支持し公言するという状態、です。

これらのうち第一の状態は、心を完全な自由と中立の状態に置いており、いまだに偏向が心を固定し間違った方向に導いてはいないので、その分だけ真理をよく探究することができそうです。それゆえ、これは三つのうちでは一番ましな状態です[173]。

第三五節　不偏不党性[174]（その三）

というのも、根拠のない傾向性に従って意見をもつことは誤謬の大きな源泉であり、真理を求めて中立性を保持して無知である方が、それよりも真理に近いからです。十中八九誤った方向に導いてゆきそうな案内者の後を行進する人たちは、まだ一歩を踏み出してはいないけれども、正しい道の探究にうまく導き入れることができそうな人と比べれば、道から外れてしまう危険性が大きいのです。右の三つの状態のうち、最後のものが最悪です。なぜなら、もし人が検討せずに何かを真理であると納得したり十分に確信することが可能だとすれば、その人はそれこそ何でも真理として受け容れてしまうからです[175]。しかも、この人がすっかり自分自身を放棄して嘘を信じるようになっていれば、検討せずに確信をもつことのできるこの人物を矯正する手段は、もはや何もありません[176]。他の二つの状態については、次のことを言わせて頂きたいと思います。ちょうど無知の人が二つのうちではましであるように、その無知の状態にふさわしい方法で真理を探究すべきです。すなわち、人は事物の本性そのものを直接に探究すべきであって、他の人たちの意見を気にしたり、彼らの疑問や論争に頭を悩ましてはいけないのです。そうではなく、誠実に真理を求めながら、自分自身で発見することのできるものを看て取るべきなのです。いかなる学問においても、他の人たちの原理[177]に基づいて探究を進める人は、それらの原理を検討し自由に判断すると固く決意したとしても、やはり少なくともそちら側に自分の身を置いているのであり、追い出されるまで自分からは去ることのない一党派に籍を置いています。これによって、心はいつの間にか、できる限り党派の弁明を行なうようになってしまい、知らないうちに偏向してしまいます。私は、検討し終えたら人は何らかの意見を受け容れるべきであって、そうでなければ検討は無駄である、と言っているのではありません。私が言いたいのは、検討し終えるまではいかなる意見ももたないこと、しかも他の人たちの意見や体系を少しも顧慮せずにそうすること、それが最も確実で安全な方法であるということです。例えば、仮に医学を理解することが私の関心事であるとします。この場合、教理派や方法派や化学派[178]の原理を奉じて、これらの体系のどれかに関わるあらゆる論争に首をつっこみ、私が何かを試みて追い出されてしまうまでその体系を真なるものと想定し続けるよりも、自然そのものに尋ねて様々な病気やその治療法の記述から学ぶ方法の方が、安全でありすぐ役に立ちます。あるいは、ヒッポクラテスの著作か、何か他の書物が、医学に関するあらゆる技術を不可謬的に伝えるものだと仮定してみましょう。その場合、この書物を研究し読解し考察し、その諸部分を比較考量して真理を見出そうとする方が、何らかの党派の教義を奉じるよりも直接的な方法であるはずです。党派に属す人たちは、その書物の著者の権威を認めはしますが、すでにその全テクストを自分なりの意味に引きつけて解釈し細かく論じています。私がそのような色に染まってしまったとしたら、私がそのセクトの博士や注釈者たちによって先入見を植えつけられていない心でその書物に接する場合よりも、著者の真の意味を誤解する危険性は高くなります。もちろん、私が彼らの推論や解釈や言葉遣いに慣れ親しんでいれば、それはそれなりにすべてを美しく調和させるでしょうし、そのために、別の解釈や、おそらく著者が伝えようとした真の意味も、粗野で、不自然に曲げられた[179]、風変わりなものに見えるかもしれません。というのも、言葉は、自然的にはそれ自身の意味をもっていませんから、ある人がそれをどのような意味で使うにしても、聞き手は、自分がふだん言葉に付与している意味をくみ取るからです。これは、はっきりしていると思います。そうだとすれば、検討せずに受け容れた自分の主義主張のうちどれかに疑いをもち始めた人は、その問題に関して、自分をできるだけどっぷりと無知の状態に入れてみるべきだということになります。以前の自分の見解と他の人たちの意見をすべて棄てて、完全に中立の立場に立って、問題をその根源において検討すべきであって、どちらかの側につきたいと思ったり、検討していない自分の意見や他人の意見を顧慮したりしてはいけません。これがたやすく実行できることでないことは私も認めます。しかし、ここで私は意見への安易な道ではなく、真理への正しい道を探究しているのですから、自分自身の知性と自分自身の魂を公平に取り扱おうとする人ならば、この道を進まなくてはいけません。

第三六節　問い

私がここで提案している不偏不党性を保持していれば、人々は自分が疑いをもっている問いを正しく述べることができるようにもなります。これなしには、その問題に関する公平で明快な解決に決してたどり着くことはできません。[180]

第三七節　根気

この不偏不党性から、また私たち自身の意見あるいは他人の考えや言説から切り離して行なわれる事物そのものの考察から、もう一つの成果が生じます。すなわち、各人は、事物の本性やその本性が自分に示していると思うものに最もふさわしい方法で、自分の思考をするようになります。その際、各人は、十分な根拠をもった解答を手に入れてそれを静かに受け容れるまで、規則的かつ恒常的に進まなければなりません。これに対しては、誰もが学者になり、自分の他の関心事を捨てて、全面的に研究に従事しなくてはいけなくなる、という反論があるかもしれません。しかし、私は誰に対しても、その人の時間が許す限り自分の思考を行なうように、と言っているだけです。人によっては、その地位や状態が幅広い知識を要求しないこともあります。生活に必要な物資を得るのに自分の時間の大半を費やす人たちがそうです。しかし、自由に使える時間をもっている人たちは、余暇のない人のことを持ち出して、自分の怠慢や無知の口実にすることはできません。また、誰でも、自分に要求され期待されている程度の知識を得る時間はもっていますから、それを実行しない人はやはり無知を愛し甘んじているのであって、その責任が問われます。

第三八節　思い上がり

身体の不調と同じように、人々の心の不調には、様々な種類のものがあります。なかには広範に見られる伝染性のものもあり、これに感染しないのはわずかの人だけです。また誰でも、自分自身をよく調べてみれば、自分特有の気質が何らかの欠陥をもっていることを見出すものです。概して人は、何らかの特異な体質をもっていて、それで苦しんでいるものです。今ここに、自分の能力を信頼しきっており、緊急時にもそれで十分やってゆけると思い上がっている人がいるとします。彼は、あらかじめ何らかの備蓄をしておくことを無駄な苦労であると考えます。彼にとって自分の知性は、フォルトゥナートゥスの財布(181)のように、あらかじめそこに何も入れておかなくてもいつでも中味が入っているはずのものです。だから、彼は自分の知性に知識を蓄えようと努力せず、満足してじっと座っています。知識は、その地方で自然に育つ産物なのだから、耕作のために苦労する必要などないではないか、というわけです。なるほど、このタイプの人々は、無知な人たちの前で、生まれながらにもっている自分の富を広げてみせることができるかもしれませんが、やはり熟練した技術をもった人たちを圧迫したり試そうとしない方が身のためです。私たちは、生まれながらにして、あらゆることに無知です。[182] 彼らの周りに並べられた事物は、その外見によって怠慢な人たちを感心させますが、その内面まで見通すためには、誰にでも労働や注意や勤勉が必要です。石や材木は自ずと生じるものですが、骨折りや労苦がなければ、一定の大きさの、均整のとれた快適な城を作って人を住まわせることはできません。神は、知的世界を美しい調和のとれたものとして私たちの外側にお作りになったのですが、[183] それは私たちの頭の中に一度に全部まとめて入ってはきません。私たちはそれを少しずつ自分のところに持ってきて、そこで自分自身の勤勉によってそれを組み立てねばなりません。そうしない限り、私たちの外部にある事物にどれほど秩序と光があったとしても、私たちの内部には暗闇と混沌があるだけです。

第三九節　意気阻喪

これとは反対に、自分自身の心を抑鬱状態に置き、最初の困難で意気阻喪してしまい、何らかの学問分野において洞察を得ることや、自分の日常の仕事に役立つ以上に知識を獲得することは、自分の能力を超えていると決め込む人たちもいます。前の節で述べた人たちは、自分が飛んでゆく翼を持っていて、好きな時に空高く舞い上がれると思ってじっとしているのですが、この人たちは、歩いてゆくための足がないと思ってじっと座っているのです。こういう人たちには、「足を使えば、足が得られる」(184)という諺を答として出せばいいでしょう。誰でも、自分の能力がどれほどの強さをもっているかは試してみるまでわからないものです。知性に関しては、それを使う前に考えているよりも、一般にその力は大きいと言って間違いないでしょう。「そして、それは進むにつれて力を増す」(185)のです。

したがって、この場合の適切な治療法は、心を働かせ、思考を精力的に当面の仕事に向けることです。戦争という闘争においてと同様、心の闘争においても、「彼らは、自分たちが勝つと思っている間は、勝った[186]」ということが当てはまります。学問上のどのような困難に出くわしても、それを克服してみせると確信していれば、必ずと言っていいほどそれは私たちに困難を突破させてくれます。自分の心がもつ強さや、それを確実に規則的に使用した時の力は、試してみるまでは誰にもわかりません。確実なのは、弱い足で出発する人は、強健な身体としっかりした手足をもっていながらじっと座っているだけの人よりも、遠くまで進むだけでなく、ますます強くなるということです。

人々は、これに似たことを自分自身のうちに観察するかもしれません。(しばしば起ることですが)おおざっぱな仕方で反省し、よくない視界の中で遠くから垣間見たような事柄には、心は怖れおののいてしまいます。事物がこのような仕方で心に提示されると、それはとにかく難解なものとしてしか目に映りませんし、突き破ることのできない曖昧模糊としたベールに覆われているように思えます。しかし実際には、知性がいい気になって自らの怠惰をほめ称え、自分でこの亡霊を作り出しているだけです。そのような知性は、遠く離れた事物や雑踏の中に何もはっきりと見えない場合に、これ以上明晰なものはそこには見つからない、という大変弱々しい結論をそこから引き出してしまいます。その知性がもっと近くに行きさえすれば、私たちが自分で発生させた靄《もや》は事物を覆うのをやめて消え去ってしまうのに、そうしてしまうのです。しかも、その靄の中で恐ろしい巨人のように見え、とても相手にならないと思えたものは、ありふれた自然な大きさと形をしていることが判明します。悪い視界の中で遠くから見てとても曖昧に見える事物には、私たちは静かに規則的な足取りで接近しなければなりません。しかも、それらの事物の中で、最もはっきりと目に見え、容易で目立つものを最初に考察すべきです。事物をいくつかの明確な部分に分割し、それら諸部分の一つ一つについて知られるべきすべての事柄を、然るべき順序で平明で単純な問いにして示すことです。そうすれば、以前には曖昧で混沌として、私たちの脆弱な能力では無理だと思われた事柄は、その姿をはっきりと知性の前にさらけ出し、心は、かつて畏怖の念を抱き、全く神秘的なものとして距離を置いていたその対象に向かって進んでゆきます。私は、読者の方がご自分の経験に照らし合わせて、このようなことが一度もなかったかどうか、特に一つのことにかかり切っている時に、ふと別のことにたまたま反省が及んでそんなことが起きなかったかどうか、尋ねてみたいと思います。急に大きな困難があるのではないかと思い始め、怖じけづいてしまったけれども、このいかにも恐ろしそうな問題を秩序立った仕方で真剣に考察した結果、その困難が消え失せてしまった、ということがなかったでしょうか。さらにまた、自分を騙して将来の展望を自分からとても暗いものにしておきながら、実際に問題の事柄を扱う段になると、その事柄は、自分がずっと前に容易にマスターした他のいくつかの事柄と比べて、特に目新しかったり複雑に入り組んでいるわけでもないとわかり、このことだけが驚きとして残ったという経験はないでしょうか。このような経験は、同じような気味悪い怪物を別の機会にどう扱ったらよいかを教えてくれるはずですし、それは私たちの勤労意欲をそぐどころか、私たちの精力を活性化するのに役立つものです。他のすべての場合と同様、この場合も学習者にとって最も安全な方法は、跳躍したり大股で進むことではありません。次に取り組むのは、本当に次のもの、つまり、学習者がすでに知っていることにできるだけ緊密に連結したものでなくてはいけません。別個のことでありながらも、かけ離れていないことにすべきです。知性を進歩させるためには、新しいことやその人が以前に知らなかったことを学ぶようにするのがよいのですが、明白かつ確実な進歩を遂げるためには、一度になるべく少なく進むべきです。知性がこのように進めば、それはカバーする領域を全部しっかりと押さえます。このような知識の明確な漸進的成長は、堅固で確実なものです。知識は、容易な秩序だった仕方で発展してゆきますが、その発展のどの段階においても、知性はそれ自身の光を携えて進みます。知性にとって、これほど有益なことはありません。おそらくこれは、とてもゆっくりと、まごまごしながら知識にたどり着く方法だと思われるかもしれません。しかし、この方法を自分で採用したり、教える相手に試してみるならば、ほかに採ることのできるどんな方法よりも、それはきっと大きな進歩を生みだすことでしょう。私は自信をもってそう断言します。真の知識の大部分は、それ自体が判明であるような事物を判明に知覚することにおいて成立します。なかには、問いを明確に述べるだけで、他の人が何時間も続けて大ざっぱな話をするよりも多くの解明の光と知識を生みだす人たちもいます。この場合、問いを述べる人は、問いの諸部分を分離し、互いに絡みあった部分を解き、分離したものを然るべき順序に並べているだけです。しばしばこの作業は、これ以上何の手を加えなくても、疑問を氷解させ真理がどこにあるかを心に示します。問題となっている諸観念をいったん分離し別々に考察すると、多くの場合それらの観念の一致や不一致がすぐに知覚され、それによって明晰で永続的な知識が獲得されます。他方、十把一絡げに取りあげられ、そのため混乱状態にあるような事物は、混乱した知識、つまり実際には知識でないものしか心に生みだしません。少なくとも、それが検討され活用されるようになると、知識がないのも同然だということがわかります。それゆえ、私がすでに他のところで述べたこと[187]をここでも繰り返させて頂きます。何を学ぶ場合でも、一度にできるだけ少なく心に提示すべきであり、それを理解し完全にマスターしてから次の隣接した未知の部分へと進むべきです。つまり、当面の問題と関連し、主な目標として掲げたものをうまくやり遂げるのに役立つような、単純で錯綜していない命題へと進むべきなのです。

第四〇節[188] 類推

類推[189]は、多くの場合とても有益です。特に自然哲学、その中でも実験を満足に行ない成功させることが鍵となっている分野においては、このことが言えます。しかし、ここで私たちは、類推を成立させる根拠の内部にとどまるように注意せねばなりません[190]。例えば、硫酸がかくかくしかじかの場合に有効であるとわかったので、同様の場合には硝酸や酢酸を使用してよい［という事例を考えてみましょう］。もしその有効な効果が全面的に酸の作用によるものであれば、このような試みは正当化されます[191]。しかし、もし私たちがこの場合に欲する結果が、硫酸の酸ではなく、硫酸が含む何か別の物質によって生みだされるとすれば、私たちはこの試みを類推でないのに類推と取り違えてしまったことになります。こうして、類推が成り立たない場合に間違って類推を想定することによって、私たちは自分の知性が誤った方向に導かれるのを許してしまいます。

第四一節　観念連合[192]

『人間知性論』第二巻で私は観念連合の問題を論じました[193]。それを知性の働き方の一つとして捉え、他の幾つかの働き方とともに概観し、事象記述的に扱いました。そこでの私の目的は、観念連合に施されるべき治療法[194]を探究することではありませんでした。しかし、この治療法についての考察は、知性を正しく導く方法を完全に身につけようと思っている人たちに、さらなる思考の材料を提供するでしょう。次のような理由があるために、なおさらそうだと言えます。私が間違っていなければ、おそらく観念連合は、名をあげることのできる他のどんなものにも劣らず、頻繁に私たちの間違いと誤謬の原因となっていますし、他のどの病気にも劣らず、治療するのがむずかしい心の病気なのです。本人には常にそう見えるのに、事物のあり方はそれとは違っていて、本性的にはそうでない、と言い聞かせるのは至難の業だからです。

知性をこのように安易に、しかも不注意に誤った方向に導いてしまうだけで、砂のような不安定な基礎が不可謬の原理となり、手を触れることも疑問を呈することも許されないものとなります。この不自然な結合は、慣習によって、太陽や光と同じくらい心にとって自然なものとなります。火と暖かさは随伴しますから、それらは自明の真理そのものと同じように、自然本来の明証性をもっているように見えるのです。それでは私たちは、まだ治る見込みのある人に、どこから治療を始めるのがよいでしょうか。[195]多くの人たちは虚偽を真理と取り違えてそれを固く信奉していますが、その人たちは単に別の思考をしたことがないだけでなく、最初からこのように目を眩まされて一度も別の思考をすることができなかったので、虚偽を真理として信奉するのです。少なくとも、その人たちの心は、習慣の支配と戦い、習慣の諸原理を調べてみるだけの力をもっていないのです。［別の思考をする力は］自由の一種であり、それを自分で理解している人は少ないですが、この自由の実践を他の人たちから容認されている人は、さらに少ないのです。[196]というのも、そのような基本的な務めは、誰もが自分自身に対して負うものであり、自分の行為と意見の全系列の中では正しさと真理に向かう最初の堅実な一歩のはずですが、大部分のセクトでは、その務めをできる限り抑圧することこそが教師や案内役のりっぱな技術とされ仕事となっているからです。そういった教師は、自分たちの主義主張の根拠が検討されることを許そうとしません。それゆえ、彼らは公言している主義主張の虚偽や弱さに自分でも気づいているのではないか、と考えてみたくなります。そう考えてよい理由があるわけです。これとは対照的に[197]、真理のみを求め、それだけを承認し普及させたいと願っている人たちは、自由に自分たちの原理を吟味します。それが検討されることを喜び、できるなら人々はそれを斥けてよいという許可を出し、その原理の中に弱くて不健全なものが何かあるとすれば、彼らは進んでそれを見つけ出してもらいます。そうして、他の人たちばかりでなく自分も、すでに受け容れられているいかなる命題に関しても、その真理の明証性が保証し許容する程度を越えて、それを強調することはしないように心がけます。

あらゆる種類の人々の間で、子供や生徒に原理を身につけさせる仕方に[198]、ある大きな欠陥が見られるのを私は知っています。これはよく調べてみると、結局のところ、子供や生徒たちに教師の考えや主義主張を盲信的に吸収させ、真偽にかかわらず彼らがそれに固執するように仕向ける方法にほかなりません。これがどのように美しく飾り立てられるものか、あるいは、空腹を満たすためにすべてを費やし労働せざるをえない一般大衆に対してこの方法が用いられた場合、一体何の役に立つのかといった問題は、ここでは探究しません。しかし、人類のうちで、時間に恵まれ、文芸や真理の探究を行なうだけの余裕をもった自由で高貴な身分の人たちに関して言うならば、原理を身につけさせる正しい方法は次のものしかないと私には思えます。つまり、若いうちに、結合する本性をもっていない諸観念を頭の中で結びつけないように最大限の注意を払い、そうしてこの規則を何度も彼らに教え込んで、それを彼らの生活と研究の全体を導く指針にするのです。言い換えれば、諸観念が、それ自身の性質や対応関係によって結びつく以外の仕方で、あるいはそれ以上の強さで、彼らの知性の中で結合してしまうことを決して許さない、というようにするのです。また、自分の心の中で結びついていると気づいた諸観念をたびたび検討させ、この観念連合が諸観念そのものに見られる明白な一致に由来するのか、それとも、諸観念を思考の中で習慣的に結合するような、通常の有力な心の習慣に由来するのかを見極めさせるのです。

この予防策は、この悪癖が習慣によって完全に知性の中に固定される前に取られるべきです。しかし、習慣がこれを確立してしまってから治療しようとする場合には、習慣的行為において見られる、大変迅速でほとんど知覚できない心の運動を細部にわたって観察しなければなりません。私は他のところで、感覚の観念が判断の観念に変化することを述べましたが、[199] それはこの証明となるかもしれません。いま誰かが、絵画の技術を身につけていない人に、こう言ったと仮定しましょう。ピンや煙草のパイプやその他の物が、いくつかの場所に置かれた通りに描かれているのを見ている時、あなたは立体の物を見ているのではありません、と。さて、この場合、このことを納得してもらうには、触覚によるしか方法はありません。その人は、自分自身の思考の即座のトリックによって一つの観念が別の観念に置き換えられるということを信じようとはしないでしょうから。学識ある人たちの議論においては、この種の事例に実に頻繁に出くわしますが、彼らは、自分の心の中で結合する習慣を身につけてしまった二つの観念のうち、一つの観念を他の観念にすり替えてしまうことが稀ではありません。しかも、私が思うに、なんと彼らは、しばしば自分でも知覚せずにすり替えを行なっているのです。彼らがこうして騙され続けている限り、確信をもつことなどありえません[200]。実際には誤謬を弁護するために論戦しているにもかかわらず、彼らは自分が真理の熱烈な擁護者であると自画自賛します。二つの異なる観念の混同は、彼らの心においてそれらの観念が習慣的に結合しほとんど一つになることから発生しますが、この混同によって、彼らの頭は偽なる見解で満たされ、彼らの推論は偽なる結論で満たされます。

第四二節　詭弁(201)

知性の正しいあり方は、真理を発見しそれを固持する点に存します。それはまた、諸観念の明白な、あるいは蓋然的な一致や不一致を知覚することに存します。この一致や不一致は諸観念を相互に肯定したり否定することによって成立します。このことから知性――純粋に真理［の探究をすること］だけがその仕事です――の正しい使い方や導き方が次のようなものであることは明らかです。つまり、心を完全に中立な状態に維持しておかねばならないのであって、明証性が知識によって心の傾きを確定する程度以上に、あるいは蓋然性のバランスが同意と信念を特定の方向に傾ける程度以上に、心をどちらか一方向に傾けることがあってはならない、ということです。しかし、そうは言うものの、どのような言説においても、概して著者は、論題に関する一つの立場を支持する（このことは理に適っており適切なことです）だけでなく、その立場が真であってほしいという欲求を示し、一方に傾き偏向しています。そのような偏向や傾きをもった著者をどうしたら発見できるかと問われれば、私は、彼らが物を書いたり議論をする時に、どのようにして論題に関わる諸観念を変えたいという自分の傾向性に引きずられるか、という点に着目すると答えます。彼らは名辞を変えるか、あるいは別の名辞をそれに加えたり結合することによって諸観念を変えます。これによって、考察される諸観念は彼らの目的に一層役立つように変えられてしまいます。それらの諸観念は、たやすく相互に一致するようなものに変えられたり、明らかにかけ離れて相互に一致しないようなものにされてしまうのです。これは正真正銘の詭弁です。しかし、私は、いつでも読者を欺いて誤った方向に導く意図があって、この詭弁が使われているとは思いません。［著者が］人間としてもっている偏見や傾向性が、しばしばこのやり方で自分自身を欺くのは明らかです。一方の側をひいきする先入観をもって真理を愛するからこそ、著者たちは真理から遠ざかってしまうのです。彼らは傾向性に促されて自分の気に入る名辞を言説の中に取り込み、その名辞が自分の気に入る観念を導き入れます。そうして最終的には、このような手段によって、あるがままの姿で理解され、正確な確定された観念だけが用いられた場合には決して受け容れられないものが、このように衣装をまとわされたあげく、明晰かつ明証的であると結論づけられます。自分が肯定している事柄をこのように飾り立て、自分が話題としている事柄に巧みでなめらかで優雅な説明と思われるものをまとわせることは、世間で名文と言われ評価されているものに大変特徴的です。したがって、著者たちを説得して、自分の意見を広め世間の信用を得るのに大いに役立っているこの書き方を放棄してもらい、同じ観念に正確に結合された同じ名辞を一貫して使用するような、もっと平板で無味乾燥な書き方を採用してもらえるとは到底思えません。そういう書き方は、不快で、[202]洗練されておらず、硬直しており、自分の道を力で切り開き、抵抗不可能な論証によって真理を広める数学者においてのみ我慢できるものとされています。

人に取り入るばかりのいいかげんな書き方を放棄するよう著者たちを説得できないかもしれませんし、彼らは、不変の名辞と平明で飾らない議論を用いて、真理や有益な教えから離れないことを適切だとは考えないかもしれません。しかし、そうだとしても、詭弁と流行の追従的表現方法によって欺かれないことは、読者にとっての関心事です。そのための最も確実で効果的な治療法は、論題から言葉を剝ぎ取り、それについての明晰判明な観念を心の中に固定することであり、また議論の展開においても同様に、著者の言葉を無視して彼の観念を取りあげ、その言葉が論題に含まれる諸観念をどう結合し、あるいは分離しているかを注視することです。これを実行すれば、余計な付属品はすべて投げ捨てることができるでしょう。何が論題にとって適切なことであり、何が整合的であり、何が直接的に繋がっていて、何が脇道にそれることであるかを見分けることができるでしょう。この方法を使えば、言説の中で［論題とは］縁もゆかりもない観念が用いられた場合、どんなものでもすぐに見分けることができます。しかも、この種の観念はおそらく著者の目を眩ますかもしれませんが、この方法を実行する人は、それが自分の推論に光や強さを付与するものではないことを看て取ります。

読書を有益に行ない、有名人の名前やもっともらしい言説によって誤った方向に導かれないようにするには、これが一番の近道であり一番容易な方法です。しかし、慣れていない人にとってはこれは困難で退屈な方法ですから、（真理を本当に追究するごく少数の人たちの）誰もが、そうやって自分の知性を守り、ほとんどの論争書にはいり込むような意図的な詭弁や、少なくとも意図せざる詭弁によって、欺かれないでいられるとは思えません。自分の内的確信に反してものを書く人たち、さらには、自分が関与する党派の主義主張を支持する決意を固めている人たちが、自分たちの立場を擁護するために役に立つ武器の使用を拒むとは考えられません。したがって、彼らの書いた物を読む時には、細心の注意を払うべきです。さらにまた、自分が心から納得して真であると信じている意見を弁護するためにものを書く人たちは、自分のすばらしい真理への愛着をしたい放題に発散し、自分がそれを高く評価することを示してもかまわないと考えます。彼らは、真理に最大の色づけをして、できるだけすばらしい表現と衣装を着せて真理を旅立たせ、それを読者の心にとても簡単にはいり込ませて最も深い所で固定させようとします。

大部分の著者の心の状態は、こういった状態のどれかであると考えてよいでしょうから、彼らの書いたものから何かを学ぼうとする読者は、真理の誠実な探究にふさわしい注意を怠ってはなりません。そのような注意があれば、真理を隠蔽したり誤った仕方で表象するものに対しては、それが何であれ、絶えず警戒心をもつようになります。たとえ読者が、音声から切り離された純粋な観念、つまり偽なる光や言葉の欺瞞的な装飾を剝ぎ取った純粋な観念によって、著者の意味していることを自分自身で再現する技術をもっていないとしても、読者は次のことを実行すべきです。すなわち、論題を正確にしっかりと心に固定し、言説全体を通してそれを維持し続け、追加や除去や他のものへの置換によってわずかたりとも名辞に変更を加えるのを許さないことです。その気があれば、これは誰にでも実行できます。その気がなければ、自分の知性は、明らかに単なる他人のがらくたの倉庫になってしまいます。私が言っているのは、偽なる推論、結論の出ない推論を入れる倉庫のことです。自分自身の使用のための真理貯蔵庫、いざ使う時になったら蓄えがきちんとあり、自分の役に立つようなもののことではありません。がらくた倉庫をもっているような人が、自分自身の心を公平に取り扱い、自分自身の知性を正しく導くでしょうか。これを彼自身の知性に判断させてみたら、どうなるでしょうか。

第四三節　基礎をなす真理

人の心はとても狭く、事物と出会い新しい真理を採り入れることに関してはとてもゆっくりと働くものですから、一生よりもはるかに長い時間をかけたとしても、誰もすべての真理を知ることはできません。そこで、つまらない問題を注意深く回避し、単なる偶発的な問題で私たちの注意を主要な目的からそらしたりせず、基本的で重要な諸問題について思考することが私たちの知識の追究において思慮分別のある態度となります。多くの若い人たちが、どれほどの時間を費やして論理のための論理の探究をしているか、私が述べる必要はないでしょう。それはちょうど、画家になろうとする人が、自分の全時間を費やして、絵を描こうとする幾つかの画布の織り糸を検討したり、色を塗る際に用いようと思う個々の絵筆やブラシの毛の数を数えるようなものです。いや、論理のための論理の探究は、若い画家がこんなどうでもいい些細なことをして見習い期間を過ごす場合よりも、ずっとタチが悪いのです。というのは、画家は、無駄な苦労をさんざんしたあげく、最終的には、それが絵を描くこととは別であって、絵を描くのに役立たないということ、それゆえ本当に無駄だということに気づきます。ところが、学問するために訓練を受けた人たちは、しばしば自分の頭に論理上の問題に関する論争を詰め込んで興奮していますから、彼らはそういった空虚で役に立たない考えを、本物の内容のある知識と取り違えてしまいます。そうして、自分の知性にはもう学問が十分備わっており、事物の本性をさらに探究したり、身を落として実験や調査といった機械工的な単純肉体労働をする必要などないと考えます。これが知性の誤った使い方であることはあまりにも明白です。知識に至る道であると公言していながら、彼らはこのようなことをしているのです。これは見過ごすわけにはいきません。さらに、スコラ学派におけるおびただしい数の問いや、それらの問いに対処する方法も問題です。特にこの種の誤りのうち、誰もがどのような誤りを現に犯しているか、また犯すかもしれないかを示そうとすれば、それは列挙できないくらい無限にあることでしょう。しかし、ここでは次のことを示しておけば十分です。すなわち、私たちは、それ自体として何ら重要なものを含んでおらず、知識を拡大する方向に私たちを導くヒントにもならないような、浅薄でつまらない発見や観察を軽視してよいということです。また、そういうものが私たちの追究に値するなどと決して考えてはいけません。

基礎をなす真理というものがあります。それは根底にあり、他の数多くの真理が依存する基礎となって、それらの真理を整合的に固めます。基礎をなす真理は、生産的で、豊富に蓄えられています。心にそれが備わると、天の光明のようにそれ自体が美しく心地よいばかりか、それはさらに他の事物にも光明と明証性を与えます。それがなければ他の事物を見ることも知ることもできません。あらゆる物体は相互に引きつけあう、というニュートン氏のあの称賛すべき発見はこのようなものであり、自然哲学の基礎と見なされてよいものです。[203] 彼は、太陽系という大きな構造を理解するのに、その発見が大変役に立つことを示して学界を驚かせました。この発見を正しく追究し続けて、どれほど私たちが他の事柄に関しても理解を深めることになるのかは、これからわかることです。[204]「私たちは、自分自身を愛するように、私たちの隣人を愛さなくてはならない」[205]という私たちの救世主の偉大な規則は、人間社会を規制するための、基礎をなす真理です。私の考えでは、人はこの規則だけで、社会道徳におけるあらゆる紛争事例や疑問を容易に解決するだろうと思います。[206] これらの真理やその種のものこそ、私たちが見出すよう努力し、私たちの心に備えつけるべきものです。これに関連して、知性を導く際に同じように必要とされることがもう一つあります。次に、それに触れましょう。

第四四節　基礎をなす問い[207]

　どのような問いが提起された場合にも、それがどのような基礎に基づいているかを検討し見つけ出す習慣を身につけるべきです。私たちが出くわす困難な問題の大部分は、よく考察し遡って追究してみると、私たちをある命題へと導いてくれます。その命題が真であることを知ると、疑問は解け、問題は簡単に解決されます。他方、賛否両論ともに多くを蓄えているようなトピカ的[208]で浅薄な議論は、頭には雑多な思考を、そして口には饒舌な言説を詰め込みますが、知性を罠にかけ、問題の基礎となる部分には達せずして一緒にいる人たちをいい気持ちにさせるだけです。しかし、ひたすら真理と知識に向かって探究する心が静止し安定することのできるのは、この基礎という場所だけです。

　一例を挙げましょう。皇帝[209]は自分の人民のうちの誰かから、合法的に好きな物を何でも取りあげることができるか、と尋ねられたとします。この問いに答を与えるためには、すべての人が自然的に平等であるかどうかという問いに確実な答を出すことが必要です。というのは、その問いはこの基礎に基づいているからです。そうして、［この基礎に関する］真理が知性の中で十分に確定され、さらに社会における様々な人間の権利に関する様々な論争においてもその真理が心の中で維持され続けるならば、そういった論争に終止符を打ち、真理がどちらの側にあるかを示すのに大いに役に立つでしょう。

第四五節　思考の方向づけ[210]

知識の改善、生活の快適さ、仕事の遂行におそらく最も役立つのは、人が自分自身の思考を統制できるということです。同時に、知性を導くこと全般を通じて、知性を完全に支配することほど難しいことはないと言ってもいいでしょう。目覚めている人の心は、いつでも何らかの対象に向かうものです。ところが、怠惰であったり注意を払っていない時には、私たちはこの対象を容易に変え、私たちの思考を別の対象へと移し、その上、そこからそれら二者のいずれとも関係のない第三の対象へと勝手に移してしまいます。ここから人々は、思考ほど自由なものはないという早合点の結論を出し、しばしばそれを口にします。実際そうであれば結構なことなのですが、その反対が真であることもあります。多くの場合、私たちの思考ほど頑固で制御しにくいものはありません。どの対象を追究すべきかを思考に教えようとしてもうまくゆかず、一度固定した対象から思考を引き離そうとしても思うようにならない場合があります。たとえ本人に何をさせてみても、自分の視野に飛び込んでくる観念の方を追いかけてしまい、思考がそちらの方に逃げてしまうことがあります。

三、四〇年もの間に、わずかばかりのわかり切った陳腐な観念の集まりに慣れ狭隘になった心を、拡大して大きな観念の貯蔵庫に変え、さらに、有益な思索の素材をもっと多く提供する観念にも馴染ませるのは、とても困難なことです。これについてはすでに見てきましたから(211)、ここでは繰り返しません。私が言っているのは、このことではなく、諸観念が私たちにとって同じ程度に馴染みのあるものである場合に、私たちの心を一つの対象から別の対象へと移す際の困難についてです。私はその不都合を示し、治療法を見つけ出そうと思います。

私たちの情念のどれかが、ある事柄を私たちの思考に推薦すると、それは一種の権威をもって私たちの心を占拠し、それを閉め出したり追い出すのが困難になります。あたかも支配する情念が、当分の間、民警団(212)の一行を連れてきたその土地のシェリフとしての役を果たすかのように、その情念が持ち込んだ対象は、知性を捕えて連行してしまいます。その対象が、そこで単独に考慮される法的権利をもっているかのようです。私の考えでは、どんなに穏やかな気質をもった人でも、この暴虐が自分の知性に加えられるのを一度は経験し、その不都合のもとで苦しんだことがあります。ほとんど誰もが、愛や怒り、恐怖や悲しみによって心が枷《かせ》のようなものにしっかりとつなぎ止められ、その結果心を他のどんな対象に向けることもできなくなった経験が一度や二度はあるはずです。私はこれを枷と呼びます。それが心に覆い被さり、他の思索を追求する勢いや活動を妨害するからです。また、それが密着し事物を恒常的に固定するような場合には、知識が全くと言っていいほど進歩しないからです。このような仕方で［情念の対象に］取りつかれた人たちは、時には、あたかも最悪な仕方で取りつかれ、魔法にかけられたようになります。そのような人たちには、自分の目の前に現われるものが見えず、仲間が聞こえる声で話しているのにそれが聞こえないのです。彼らを強く刺激して少し目を覚まさせると、どこか遠くから戻って我に返った人のようになります。実際には彼らは、内面にある秘密の小部屋で、しばらくの間慰め役を任じられた偶像にすっかり夢中になっていたのであり、そこから出てきたにすぎないのですが。このような放心状態は、育ちのよい人たちには恥の感覚を引き起こしますから、彼らは自分が一定の役割を担って交際しているべき仲間からも離れてしまいます。このことが十分に証明しているように、もし私たちが知性に対する支配力をもたず、知性の助けを必要とする目的や機会のために知性を役立てることができないとすれば、知性の導き方が誤っているのです。いつでも心を自由にしておいて、生じてくる様々な対象に心を向けることができるようにしておくべきですし、対象には、その時に適切だと考えられるだけの分量の考察を加えるべきです。一つの対象に心を奪われてしまい、私たちの思索にとってより適切だと判断される次の対象に移るように心を仕向けることができないとすれば、私たちはむだ骨を折っていることになります。もし心の状態がいつもこのようなものだとしたら、誰でもためらうことなく、これを完全な狂気と呼ぶでしょう。同一の対象について何度も思考を繰り返すのであれば、たとえどれだけの間隔で思考が循環するとしても、ともかくそれが続く限り、私たちが知識の獲得に向かって前進することはありません。それはちょうど、臼を挽く馬が同じトラックをゆっくり回っている時には、それに乗っている人は少しも旅をしたことにはならないのと同じです。

　私は、正当な情念と自然の傾向性に、一定の地位が与えられなければならないということを認めます。誰でも、時おり生じる情愛のほかに、深く愛し傾倒する対象をもっています。心は、これらの対象には、それだけしっかりと執着しようとします。しかし、それにもかかわらず、心を常に自由にし、人間の自由な支配統制のもとに置き、その人が指示する対象に対して、指示通りに心が働くようにしておくことが最善なのです。時には知性を失っても構わない、と言わんばかりの知性の誤った使い方に満足したくなければ、私たちはこのような状態に達するよう努力すべきです。というのも、もし私たちが、実現したいと思う目的や、いま知性を必要としている目的のために知性を役立てることができないとしたら、知性がなくてもよいと言うのとほとんど変わらないからです。

しかし、努力を実らせたいと思うのならば、この病気のための適切な治療法を講じる前に、私たちはその幾つかの原因を知り、その原因に応じて治療法を調整しなくてはいけません。

一つの原因はすでに挙げておきました。反省する人ならば誰でも、これについて一般的な知識をもっていますし、したがってまた自分でもしばしばそれを経験しています。それゆえ、これを疑う人はいません。支配的な情念は、私たちの思考をその対象や関心に釘づけにしてしまいますから、恋愛に夢中になっている人が、自分の日常生活の出来事を考えてみる気にならなかったり、優しい母親が子供を亡くして悲しみに沈み、一緒にいる人たちとの会話や友達付き合いにいつものように加わることができない、といったことが起こるのです。

しかし、知性を束縛し、知性をしばらく一つの対象だけに縛りつけて、そこから解放しようとしないのには、他の原因もあります。情念が最も明白で一般的な原因であるにしても、それ以外の原因があるのです。

しばしば私たちは、次のようなことを経験します。偶然か何かのちょっとした出来事がきっかけで、情念が関心を示したり奨めるわけでもないのに、ある対象が知性に提示され、しばらく知性をそれに向けたとします。そうするとそれに熱中し始め、徐々にそれが軌道に乗って、ちょうど丘を転げ落ちるお椀のように加速度をつけて、止めようにも止まらず方向を変えることもできなくなってしまう、ということがあります。もっとも、熱が冷めた時には、それだけ熱心に専念したにもかかわらず、それが考えるにも値しないつまらないものであったこと、またずいぶん苦労したにもかかわらず、すべてが徒労に終わったことを知性は看て取ります。

第三の原因は、私が間違っていなければ、これよりも一層程度の低いものです。それは、知性が、ある種の幼児性を発揮することだと言ってよいでしょう。この発作を起こしている間、知性は、何かどうでもいいような偶像と戯れ、ただひたすら何の目的もなしにそれをかわいがり、それから引き離そうとしても簡単には離れなくなります。こうして、何かつまらない文や詩の断片が時おり人々の頭にはいり込み、そこで鐘の音を鳴らし響かせようとします。そうなると、これを鎮めることはできず、平穏も得られず、この横着な客のことだけが気になります。それは心に取りつき、立ち退かせようとするあらゆる努力にもかかわらず、思考をすっかり占拠してしまいます。こうやって知性に押し入り、知性がよりよく用いられるのを妨げてしまうような、この飛び跳ねる観念の迷惑な侵入を、誰もが自分の内面で経験したことがあるかどうか、私にはわかりません。しかし、大変すばらしい資質をもった人、しかも一人でなく何人もの人が、このような経験を語り、苦情を述べているのを私は聞いたことがあります。ここで私がこのような疑問を出すのには、理由があります。これよりもずっと奇妙ですが、似ているケースを私が知っているからです。ある人たちは、暗闇の中にいたり目を閉じている時に、完全に目を覚まして静かに横になっていると、一種の幻影を見ることがあります。多種多様な顔、たいていはとても奇妙な顔が、次々と続いてその人たちに現われます。一つの顔が見えたかと思うと、それはすぐに消え去り、次の顔が登場し、同じことが続いて先の顔と同じくらい素早くそれが消えていくというように、色々な顔が絶えず継起して登場するのです。どの顔も一瞬のうちに現われるだけで、どう努力したところで顔の登場を止めたり抑制することはできません。一つの顔は、ただ次の顔に押し出されるだけです。この幻影現象に関して、私は何人かの人と話をしてみましたが、そういう例を実によく見たり聞いたりしたという人もいれば、全く聞いたこともなく、とうてい想像できないし信じられないという人もいました。私の知り合いの、卓越した才能をもったある女性は、三〇歳を越していましたが、その時までこのような現象に全く関心をもったことがありませんでした。彼女はこのようなことには全く縁がない人でしたから、私や他の人がこのことを話すのを聞いた時にも、からかっているとしか思いませんでした。ところが、彼女が次の会合で私たちに語ったところでは、(医者に言われたように）彼女が多量の薄い紅茶を飲んでしばらくして寝ようとすると、私たちが苦労して説明しても彼女が納得しなかったことを今度は彼女が経験したというのです。彼女が見たのは、私たちが述べたような、次々に長く続いて現われる多種多様な顔であり、どれも以前には見たこともなく、それ以後探し求めたこともない見知らぬ人の顔であり侵入者の顔でした。それはひとりでに出てきたかと思えば、ひとりでに去ってゆきました。どの顔も一瞬たりともとどまってはおらず、どれだけ努力してみても顔を引きとめることはできず、厳粛な列をつくって、顔は現われ、そして消えていったのです。この奇妙な現象は、力学的な原因によって生じるようであり、血液や動物精気(213)の材質と運動に左右されるように思われます。

空想が情念によって束縛された時、心をそこから解放して、人間が自分の選択に従ってどのような思考でも自由に追求できるようにするには、現在の情念を別の情念によって鎮める、つまりそれで拮抗させる(214)以外に、私は方法を知りません。研究して情念をよく知れば、このような技術を身につけることができます。

情念や利害にかき立てられなくても、自分自身の思考の自然発生的な流れに押し流されてしまいがちな人たちは、その流れが発生した場合には、いつでも細心の注意を払って慎重にそれを止めねばなりません。決して、自分の心をしたい放題に、こういうつまらない仕方で忙しく働かせてはいけません。人々は、自分の身体の自由の価値を知っていますから、足枷や鎖が自分につけられることを自分から許すことはありません。心を囚われの状態に置いてしまうことは、さしあたり、確実にこれよりも大きな悪です。私たちはこれに細心の配慮をして然るべきであり、私たちのより優れた部分としての心の自由を保全するために最大の努力をすべきです。しかもこの場合、私たちの苦労は無駄になりません。私たちがいつでもそのような機会をつかんで、絶えず努力し奮闘すれば、その努力は実ります。私たちは、決してこういったつまらないことに、思考を向けてばかりいてはいけません。心がつまらないことに関わるのに気づくやいなや、私たちはすぐに心をゆさぶって点検し、新しくてもっと真面目に考察すべき事柄を導き入れるべきです。そうして、私たちが、心が行なう追究からそのつまらないものを叩き出してしまうまでは、点検をやめてはいけません。もし私たちが通常反対のことをしていて、それを習慣化してしまっていれば、最初はこのようなことは難しいかもしれません。しかし、たゆまぬ努力は徐々に効果を発揮し、最終的には、これを容易に行なうことができるようになります。また、かなり進歩を遂げて、自分の心を好きなように支配し、偶発的で意図しない仕事から遠ざかることができるようになった人は、その段階でさらに先に進み、もっと重要な省察を試みるのが適切でしょう。最終的には、自分自身の心に完全な支配力をもち、自分自身の思考の完全な支配者となり、ちょうど、いま手に握っている物を降ろし、手が空いたところで、持ちたいと思う物を取り上げるのと同じように、たやすく一つの対象から別の対象へと思考を移動させることができるようになります。このような心の自由は、仕事においても研究においても大いに役立つものであり、それを手に入れた人は、自分の知性を自分で選んだ仕方で有益に使用し、そのすべてにおいて、少なからぬ利益をえることになります[215]。

心が囚われの状態に陥る第三の原因として最後に私が述べたのは、記憶の中で何らかの特定の語や文が鐘の音のように鳴り響き、いわば頭の中で騒音が発生することですが、概してこれは、心が怠けていたり、とてもずさんで不注意な仕方で用いられた時だけに起こるものです。いかなる明白な観念も、原因もなくでたらめにうろつき回れば、純粋に無内容な音が意味もなくブンブンと鳴る場合よりも、考慮に値することを示唆しがちであり役に立つものではありますが、それでもやはり、そういった不適切で無益な反復は心に生じない方がいいのです[217]。しかし、心を目覚めさせ、知性をある程度の勢いで活動させれば、たいてい知性をすぐにこの怠惰な仲間から自由にすることができます。それゆえ、私たちがこういう仲間から迷惑を受けていると感じた時には、いつでも使えるこの有益な治療法を活用するのが適切だと思われます。

［付録］ 慣習[218]

慣習は、私たちの感官にとても大きな影響を与え、初めは無関心であったりおそらく不快[219]ですらあったものを、やがて心地よい快適なものに変えてしまいます。異なった民族の薬味[220]や香水や音楽は、その実例を提供します。人々の味覚は、これまでの慣れ親しんだ食事や調理法によって大変違った仕方で形成されていますから、彼らは、慣れていない人が到底味わってみる気にもならず、食べるくらいなら断食をした方がいいと思うようなものを、喜んで美味しく食べます。最初は私たちにとって大変困難で居心地のよくなかった行為も、同じように慣習が支配権を行使することによって快適になります[221]。

訳注

（1）ロックが引用しているのは、キケロ『神々の本性について』第一巻、第一段落の次の文章である。'Quid tam temerarium tamque indignum sapientis gravitate atque constantia, quam aut falsum sentire, aut quod non satis explorate perceptum sit et cognitum sine ulla dubitatione defendere?'

キケロは、この文章の直前で次のように述べている。「この件［＝神々の本性］に関しては、最も博学な人々の意見も、あまりに多様で、あまりに矛盾しているから、次のように主張する強い根拠があると言わざるをえない。つまり、哲学は無知から始まるのであり、またアカデメア派の哲学者が、確実でない事柄について同意を（adsensionem）保留したというのは賢明だったということである。なぜなら、性急であることほど、見苦しいことがあるだろうか。また、［ロックの引用はこの箇所から始まる――下川］間違った意見を保持したり、十分な探究なしに知覚され認識された事柄を少しも疑わずに擁護することほど、軽率で賢人の威厳と堅実さにふさわしくないことがあるだろうか」。*Cicero XIX: De Natura Deorum, Academica*, Loeb Classical Library, trans. H. Rackham (Cambridge, Mass.: Harvard University Press/London: William Heinemann, 1979), Bk. 1, sec. 1, pp. 2, 3; *Cicero: The Nature of the Gods*, trans. H. C.

P. McGregor & intro. J. M. Ross (Harmondsworth, Middlesex: Penguin, 1972), p. 69を参照。

キケロによれば、アカデメア派の哲学者は、不確実な事柄に「同意」を与えることを控えることを説いているが、ロック自身は、本書の第三三節において「同意」について論じる。また、キケロは右の文章で「賢人の」(sapientis)という言葉を用いているが、ロックは第三二節で、この「賢人」のことを「哲学者」(Philosophers)と言い換える。ここで言う「哲学者」とは、社会的、職業的に哲学者と見なされている人のことではなく、真理を愛し求め、独力で検討し、知識を獲得し判断を形成してゆく人のことである。ロックの『知性の正しい導き方』は、この意味における「哲学者」のために書かれた作品である。

(2)「心の諸能力」(the Faculties of the Mind)のうち、「知性」(the Understanding)と「意志」(the Will)という二つの能力がここに登場する。『人間知性論』では、「知性」は「思考する力」(the Power of Thinking)ないし「知覚する力」(the Power of Perception)と呼ばれる(E, II, vi, 2; II, xxi, 5)。「思考」は、心がその視線を内部に向けて「自らの行為を観想する」時にはじめて生じる活動であり、「推論」したり「判断」したり「知ること」などは、この「思考」の「様相」(modes)と見なされる(E, II, xix, 1, 2)。「知覚」の意味については、詳しくは訳注(55)で説明するが、ロックは、人間の「知性」が関わる知覚として、自分の心の中の諸観念の知覚、記号の意味の知覚、諸観念の間の一致や不一致の知覚という三種の知覚を重要なものと見なした。他方、「意志」とは、特定の行為をするかしないかに関して、どちらか一方を「選好する力」(the Power of Preferring)ないし「選択するという行為」(Actions of Chusing [sic]）を生みだす力である（E, II, xxi, 5-6, 17; cf. 15)。ロックによれば、これらの力はスコラ哲学者によって'Faculties'と呼ばれ、あたかも独立した別々の実体または行為主体であるかのように誤解されているが、それらは人間という行為主体（Agent）に属する「力」'Powers'（「能力」'Abilities'と同義）として解釈されるべきである（E, II, xxi, 6, 15-20)。大槻訳では、'Power'は「力能」、'Faculty'は「機能」と訳されている。

（3）「知識らしきもの」（appearance of Knowledge）は、知識のように見えてそうでないもの、つまり、蓋然的な「判断」、「同意」した命題、「意見」などを指す。訳注（7）（41）（168）参照。

（4）「随意的行為」は、'voluntary Action'の訳である。意志の働きに基づく行為のことである。ロックによれば、「随意的」行為は、石の落下や手足の痙攣のような「必然的」（necessary）運動に対立させられるべきではなく、意志の働きに基づかない「不随意的」（involuntary）行為と対立するものとして把握すべきである（E, II, xxi, 11)。大槻訳（二）、一三六―一三七頁では、'voluntary'は「有意的」、'involuntary'は「無意的」となっている。

（5）「活動力」は、'operative powers'の訳。この用語や同義の'operative faculties'は、E, II, xxiに登場する。大槻訳（二）、一五五頁などでは、「作用機能」と訳される。ロック自身は、'operative powers'の意味を説明していないが、これは、具体的な行為を生みだす様々な能力（例えば、視力、思考力、歩行力、手を動かす力など）であると考えられる。行為を選択する力としての「意志」は、これらの具体的行為を生みだすような「活動力」を、導されうるし、また、そのように抑制され指導されるべきものである。

257; II, xxi, 71, p. 282)。ロックによれば、この意志の働きは、知性の働きによって抑制され指

「運動」させたり「静止」させる「力」であると言われる(E, II, xxi, 29, p. 249; II, xxi, 40, p.

(6)ロックは、いかなる人間においても、意志の働きが常に知性の命令に従属すると考えているわけではない。自由な人間において、もっと厳密に言えば、「真の」意味で(あるいは、「価値ある」仕方で)自由であるような行為主体において、常にそのような従属が生じる、というのがロックの見解である。この見解は『人間知性論』二巻二一章に見られるが、そこでの議論は二版と五版での様々な修正を経て大変錯綜したものとなっているために、どこでロックがその見解を表明しているかがわかりにくい。しかし、E, II, xxi, 29, 47-53, 71を参照。理性による欲求や傾向性の統制が、自由な人間を作る教育で重要な位置を占めるという見解については、STCE, secs. 33, 38, 45, 48, 50, 52などを参照。意志の働きに対する知性(や理性)の優位という見解は、『統治二論』では、恣意的支配の批判や法の支配の擁護、あるいは、法の枠内での各人の知性(や理性)に基づいた行為の自由の擁護といった文脈で登場する(TT, I, 8, 9, 41, etc.; II, 22, 57-61, 63, etc)。ロックの自由概念については、Vere Chappell, 'Locke on the Freedom of the Will,' *Locke's Philosophy*, ed. G. A. J. Rogers (Oxford: OUP, 1994); Peter A. Schouls, *Reasoned Freedom* (Ithaca: Cornell University Press, 1992) などを参照。

(7)「知識」(Knowledge)と「判断」(Judgments)の二つが、ここで並べられている。ロックは、E, IV, xiv, 4で、心が「知識の能力」と「判断の能力」を「真偽に関わる二つの能力」と

してもっていると言い、両者を「知性の諸能力」(IV, xiv, 1)と呼ぶ。「知識」は、諸観念の一致や不一致を知覚したものにほかならない。この知識の定義については、訳注(69)や(57)を参照。大槻訳では、'Knowledge' は「真知」と訳される。他方、人間は確実で明晰な「知識」が入手できない場合に、それを補うために「判断力」を行使する。「判断力」とは、諸観念の一致や不一致を自分で知覚していないにもかかわらず、それらの観念の一致や不一致があるものと「推定」する力のことである。この判断力が、事物に直接向けられずに、言葉で語られた真理に向けられた場合には、それは「判断」と呼ばれずに、「同意」(Assent) あるいは「不同意」(Dissent) と呼ばれることが多い (E, IV, xiv, 3)。「判断力」については、E, IV, xiv を参照。「知識」は確実性の領域を構成し、他方「判断」や「同意」は蓋然性の領域を構成する。

(8) ここでロックが言及する「論理学」は、中世を通じて司教座聖堂の附属学校やヨーロッパの諸大学で教育課程の中核をなしたスコラ主義の論理学であり、アリストテレス (384-322 B.C.) に由来する。アリストテレスの論理学に見られる見解の幾つかが、プラトン (427-347 B.C.) やエレアのゼノン (b. c. 490 B.C.) に由来し、さらにもっと以前に遡ることを考えれば、ロックが「二、三千年」と言っているのも納得できるかもしれない。

ロックは、スコラ主義の議論の仕方、その特異な用語法、真理探究の方法について、本書の第六節、一五節、二九節、三一節、四四節などで批判を展開する。他方ロックは、四節や二八節などにおいて、「規則」や「公準」に代えて「練習」や「習慣づけ」の重要性を強調し、七節では数学の意義を強調する。ロックのスコラ主義批判は、『人間知性論』の随所でも、様々な仕方で展開される（例えば、E, IV, vii における自明な「公準」と知識獲得の関係の検討や、IV, xvii, 4-8 における三段論法の批判を参照）。正しく推論し真理を発見するためには、子供に修辞学や論理学の「規則」を研究させたり、論争を奨励しても無駄である、という『教育に関する考察』の見解（STCE, secs. 188, 189）も参照。

(9) フランシス・ベーコン（Francis Bacon, 1561-1626）のこと。ベーコンは一六一八年七月九日にヴェルラム男爵に叙せられた。

(10) ここでロックは、ベーコンの『ノヴム・オルガヌム』の序文ではなく、『大革新』の序文から引用している（『ノヴム・オルガヌム』は『大革新』の第二部として構想された）。ロックは、ベーコンのラテン語原文を引用しそれに続けて英訳をつけている。ここではその英訳を訳出した。ラテン語原文は次の通りである。'Qui summas Dialecticae partes tribuerunt, atque inde fidissima Scientiis praesidia comparari putarunt, verissime et optime viderunt intellectum humanum sibi permissum merito suspectum esse debere. Verum infirmior omnino est malo medicina; nec ipsa mali expers. Siquidem Dialectica, quae recepta est, licet ad civilia et artes, quae in sermone et opinione positae sunt, rectissime adhibeatur; naturae tamen subtilitatem longo intervallo non attingit, et praensando, quod non capit, ad errores potius stabiliendos et quasi figendos, quam ad viam veritati aperiendam valuit.'

ロックの英訳は、ラテン語原文のほんの一部を省略し、その要点を明確化したものである。

英訳における「知性を規則によって保護せずに」の箇所は、ベーコンのラテン語原文にはない。英訳の冒頭の箇所は、ラテン語原文では、「論理学に最高の地位を認め、そこから諸学にとってもっとも信頼できる手段が得られると考えた人々は」となっている。また、英訳の「それが病の一部分となってしまった」は、ラテン語原文では、「それ自体にも病いがなかったわけではない」である。ラテン語テクストは、*Collected Works of Francis Bacon*, vol. I, pt. I (Routledge/Thoemmes Press, 1996; repr. of *The Works of Francis Bacon*, edited by James Spedding, Robert Leslie Ellis, and Douglas Denon Heath, 1879), p. 129も参照。英訳は、*ibid.*, vol. IV, pp. 17-18. 邦訳は『世界の大思想　第八巻　ベーコン』(河出書房新社、一九七四年) 所収の服部英次郎訳「大革新の序言」、二一二頁や、桂寿一訳『ノヴム・オルガヌム』(岩波書店、一九七八年)、二六―二七頁を参照。

(11) ロックはラテン語原文'Necessario requiritur ut melior et perfectior mentis et intellectus humani usus et adoperatio introducatur.'を引用し、英訳をつけている。英訳を訳出した。参照、*Collected Works of Francis Bacon*, vol. I, pt. I, p. 130; *ibid.*, vol. IV, p. 18; 服部訳、二一二頁、桂訳、二八頁。

(12) 底本、全集版とも、この文章の前にダッシュを入れている。しかし、MS. Locke e. 1, p. 64, MS. Locke c. 28, f. 122v ともダッシュはついていないので、そのように訳した。

(13) ここでロックは、現在の人々の間に知性の差があることをいったん譲歩して認めたとしても、そのような差の大部分は、知性という生来の能力の「行使」の仕方から生じるものとして説明できると考えている。本書の第三節、最後から二段落目の末尾、さらに第四節において、ロックは明確にこの立場を打ち出す。ロックは、能力の（かなりの程度までの）平等という見解を、能力の「行使」の仕方を媒介として、結果の不平等という見解に結びつける。つまり、一方で、すべての健常者が知性という（大して違わない）能力をもって生まれていると主張し、他方で、現実に見られる不平等な結果は知性の行使の仕方から生じると考えるのである。E, I, iv, 22（大槻訳では、一巻、四章、二三節となっている）で、ロックは次のように述べる。「神は、人々に様々な能力と手段を備えつけて下さり、それを用いる程度に応じて、真理を発見し、受け容れ、保持することができるようにして下さった。人類がもつ考えというものには、大きな差が見られるものだが、その差が生じるのは、人々が諸能力を違った仕方で使うからである。なかには（大部分がこうであるが）、ものごとを信用しきってしまい、怠慢にも自分の心を他人の命令や支配に隷属させることによって、同意の能力を誤って用いてしまう人たちがいる。彼らは、自分で入念に検討するのが務めであり、盲信的に鵜呑みにしてはならないような教義に関して、このようなことをする」。ここで前提とされている区別——知性という「能力」（Power）とその能力の「行使」（Exercise）の区別——については、本書の第四節の冒頭および TT, II, 61を参照。

ロックは、自然法についての知識の獲得に関しても、すべての人が知識獲得の能力をもっていることを肯定しながら、他方で、そのためには知性の「正しい行使の仕方」や努力や勤勉が必要であると説く（ELN, 132-135）。さらに彼は、万人が労働力を平等にもっていながらも、労働力の行使の程度（勤勉の度合い）の結果として、獲得する財産は不平等になる、という見解ももっている（TT. II. 48, lines 1-2)。

なお、この第二節の冒頭で、ロックはおそらく健常者だけを念頭に置いているものと思われるが、後に第六節の六段落目で、「少数の」「無能力」者に言及する。E. II. xi. 12-13では、ロックは生まれつきの「白痴」を取りあげ、その能力の欠陥を分析している。また、TT. II. 60では、「自然の通常の道筋から外れ、生じうるような欠陥によって、人がそれほどの理性の程度に達することがない」「精神病者や白痴」の場合には、その両親の理性が代わりに彼らの行動を支配すべきであると述べる。刑罰の適用に関しても、彼らには例外的措置がとられる（WK. VI. 267, 270, 271, 277, 278)。

（14）底本に見られるこの一文は、ロックが最初に書いた草稿 MS. Locke e. 1. p. 64 にはない。これは、その草稿の一部を後から筆記者に書かせて作成した別の短い草稿 MS. Locke c. 28, f. 123 にロックが自筆で書き加えた文章である。ここで叙述が重複している印象が生じるのは、そのためである。

（15）「確定された観念」(determin'd Ideas）とは、ロックが『人間知性論』四版以降で、デカルトに由来する「明晰判明な観念」の代わりに使用した用語である。それは、心の対象として心にあることが知覚された観念、その意味で、心の対象として「確定された」観念のことである。この種の観念に一定の名前が恒常的に結びつくことによって、確定された観念の恒常的な記号が成立する。さて、「確定された」観念が単純観念である場合には、それは、「心が自らの視野におさめる単純な現れ、もしくは自らのうちに知覚する単純な現れ」を意味する。また、「確定された観念」が複合観念に適用されると、それは次のことを意味する。すなわち、ひとつの「確定された」複合観念とは、「ある確定的な数の単純観念や、あまり複合的ではない観念」によって構成されるもので、それらの諸観念は、「人がその確定的な複合観念に名前を与え、その観念が心の中にある場合、あるいは、本来あるべき仕方でそれが心の中にある場合に、心の視野にはいり、心そのものの中に看て取られるような比率と結合様式」をもっている（E, p. 13; 大槻訳（一）、三〇—三二頁）。『人間知性論』の「読者への手紙」、第四版で追加された箇所全体（E, pp. 12-14; 大槻訳（一）、三〇—三二頁）も参照。

(16) この節でロックは「理性」(Reason) という語を用いる。ロックによれば、'Reason' という多義的な語の一つの意味は、「人間の能力」としての「理性」である。「この能力によって、人間は野獣とは区別されるものと想定され、この能力において人間は明らかに野獣をはるかに凌ぐ」(E, IV, xvii, 1) のである。ここで言う「理性」とは、「感覚や直観」と区別された「推論」の能力である。この推論能力によって、一方で論証的知識が成立し、それが直観的知識に加わり知識が拡大する。また他方では、この推論能力が、蓋然性の領域において同意を正しく規制するようになる (E, IV, xvii, 2)。この推論能力は、「証明」と呼ばれる中間に位置する諸観念を発見する「**鋭敏さ**」(*Sagacity*) と、それら中間諸観念を並べてそれぞれの連鎖の中にどのような結合があるかを示す「**推究**または**推理**」(*Illation* or *Inference*) という二つの能力を包摂する (*ibid.*)。本書の第四節、六節、七節において「理性」という語が用いられるが、その意味は、論証的推論と蓋然的推論における鋭敏さと推理力として理解されねばならない。推論については、さらに九節、二〇節、二四節も参照。大槻訳では、'Reason' は「理知」と訳されている。

(17)「判明な観念」(distinct Ideas)とは、ロックによれば、「その観念において、心が他のすべての観念との違いを知覚するもの」である。これは、「混乱した観念」(=「他の観念と区別されるべきであるのに、十分に区別することができない観念」)と対比される。E, II, xxix, 4.

(18) 底本では 'untractable'(素直でない、抵抗する)、全集版では 'intractable' となっている。MS. Locke e. 1, p. 58, MS. Locke c. 28, f. 125v ともに 'untractable' である。しかし、意味が通じるためには、これは反意語である 'tractable' でなければならない。ここではそのように解釈して訳した。G&T, 169 も同様に 'tractable' に修正している。

(19) 'Angels and separate Spirits' の訳である。ロックによれば、天使(Angels)や、物質や身体から分離した諸霊(Spirits)については、人間は知識をもつことができず、自然的能力によってそれを発見することもできない。天使や分離諸霊の存在は、「啓示」によって保証されており(E, IV, iii, 27)、その存在や本性や作用については「類比」によって推測することができる(IV, xvi, 12)(類比もしくは類推については、本書の第四〇節と訳注(189)を参照)。ロックは、『人間知性論』において、しばしば天使や諸霊に言及し、様々な推測を行なっている。特に、II, x, 9; xxiii, 13; III, vi, 11-12; IV, xvii, 14 を参照。彼は、聖書に登場する天使セラピムやケルビムにも言及し(E, III, vi, 11; IV, iii, 17)、天使の一部による神への反抗(IV,

xviii, 7）にも触れる。ロックはまた、天使や諸霊の本性や構造や作用の解明を、「自然哲学」の一部分として構想している（E, IV, xxi, 2; STCE, sec. 190）。

近代の哲学者が「天使」に言及するのを意外だと感じられる読者は、西洋思想にとっての天使の意義を考察した著作、モーティマー・J・アドラー著、稲垣良典訳『天使とわれら』（講談社、一九九七年）や稲垣良典『天使論序説』（講談社、一九九六年）を参照。

(20) ここで「誤謬」と訳したのは、'Error'という語である。E, IV, xx, 1でロックは、「誤謬（Errour: ロックはこの綴りも用いる——下川）は、私たちの知識の過ちではなく、私たちの判断の誤りであり、真でないものに同意を与えることである」と述べている。本書では、「誤謬」という訳語は、このような判断の誤りという意味をもつものであり、知識ではなく蓋然的判断の領域に関わるものと理解されたい。

(21) イスラエル人がエジプト出国以前に住んでいた、エジプト北部の肥沃な牧羊地域。『旧約聖書』創世記、四五章、一〇節、四六章、二八節を参照。

(22) マリアナ諸島'The Marian［= Mariana］Islands'は、サイパンやグアムを含む一五の島々からなる北太平洋西部の諸島で、北緯一二度から二一度、東経一四四度から一四六度に位置する。一五二一年にマゼランがマリアナ諸島を「発見」した時、船員たちは、島民が自分たちの船から物品を奪ったのでこれを「盗賊の島」'Islas de los Ladrones'と呼んだ。一六六八年以降、イスパニアのフィリペ四世の妃マリアナの名をとって'Las Marianas'と呼ばれるようになった。マリアナは、カトリックの宣教師を島に送り島民を改宗させようとした。ロックがこの段落で触れている「火」は、マゼランが島民への罰として小屋や木に火を放った事件と関連するものと思われる。島民たちは、この火を見て、獲物を食い尽くす動物だと思ったと言い伝えられている。TF. 106-107 ほかを参照。

(23) 底本の「考察」(consideration) という語が、全集版では「創出」(generation) に変えられている。MS. Locke e. 1, p. 253 と MS. Locke c. 28, f. 127v では、やはり 'consideration' となっており、この方が意味も通じる。

(24)『新約聖書』テサロニケの信徒への手紙一、五章、二一節「すべてを吟味して、良いものを大事にしなさい」(新共同訳)。

(25)『旧約聖書』箴言、二章、三―四節に、「しかも、もし知識を呼び求め、悟りを得ようと、あなたの声をあげ、銀を求めるように、これを求め、かくれた宝を尋ねるように、これを尋ねるならば」(口語訳聖書) とある。

(26)「日雇い労働者」(the Day Labourer) は、借地農や土地保有者から賃金を支払われて働いた農業労働者のことである。ロックは、『利子・貨幣論』において、彼らが「概してその日暮らしの生活をしており」(living generally but from hand to mouth)、通常土曜の夜に、一日一シリングくらいの賃金を六日分もらっていると述べている (WK. V. 23-24; 田中・竹本訳『利子・貨幣論』東京大学出版会、一九七八年、三四―三五)。ニール・ウッドによれば、彼らの地位は法で定められ、'servants in husbandry' と 'token workers' (または 'task workers') と呼ばれる二種の農業労働者から区別され、雇用主との契約によって一日に一二時間あるいはそれ以上労働したという。Neal Wood, *John Locke and Agrarian Capitalism* (Berkeley, Calif.: University of California Press, 1984), pp. 42-43 参照。彼らはイングランド社会の底辺に位置する労働者である。

(27) フランス、ボルドー地方の赤ワイン。

(28) 一九七一年の裁判所法(Courts Act)によって廃止されるまで、中世以来存在したイギリスの刑事裁判所。略式起訴による刑事事件については治安判事裁判所からの上訴を審理し、正式起訴による刑事事件については一審の審理にあたった。少なくとも年に四回法廷を開くものとされたところから、四季裁判所という名称が生まれた。

(29) シティ(the City)は、ロンドンのテムズ川北岸に位置する金融の中心地。イングランド銀行や証券取引所がある。

(30) ホワイトホール(Whitehall)は、ロンドンのトラファルガー広場から国会議事堂に至る中央官庁の建物が立ち並ぶ大通りの名称であり、またイギリス政府や行政部門の代名詞としても用いられる。ここでは後者の用法である。

(31) 評判や名誉が行為を規制する力については、E, II, xxviii, 10-12; STCE, secs. 56-62 を参照。

(32) ここで 'his Reason and Understanding' という風に、「理性と知性」が一緒に並べられる。さらに二つ後の文章では、「理性」ではなく「知性」の改善が語られる。ここで「理性」と「知性」の違いが何であるのか、また両者の間に何らかの共通点があるのか、という疑問が生じるかもしれない。ロック自身は両者の関連を必ずしも明確にしていないし、彼の用語法は一定しているとは言い難い。しかし、これについて三つの点を指摘しておきたい。第一に、「知性」は、心の中の諸観念、記号の意味、諸観念の一致や不一致などを「知覚する能力」であるが、それは知覚する能力であるがゆえに、推論においても機能し、その限りにおいては、知識と蓋然性の領域における推論の能力としての「理性」と同じ働きをする。この場合には、「知性」と「理性」の区別は曖昧になる。例えば、ロックはE. IV. xvii. 4で〈知性が推論する力をもつ〉という主旨のことを述べる（「知性は、これら［三段論法の］規則によって推論することを教えられるのではない。知性は、その諸観念の整合性や不整合性を知覚する生来の能力をもっている」）し、またE. II. xxi. 67やTT. II. 57-63では「知性」と「理性」を明確に区別していない。こうして、「知性」は「理性」の機能を果たす。第二に、「知性」は、単に「推論する能力」（the discursive Faculty）であるところの「理性」とは異なり、推論によらず、直観によって知識を獲得する能力（IV. xvii. 14）として働く。ロックは「知性」の働きを「目」の働きに喩える（E. 'The Epistle to the Reader', p. 6, I. i. 1：一七、三三頁）が、この喩えは、直観的知識（IV. ii. 1）におけるように、諸観念が心に存在することやそれら諸観念の一致や不一致を直接的に知覚することを示唆する。この点で「知性」は、直観の能力であり、理性による間接的な推論とは違った働きをする。もちろん、「知性」は、諸観念の存在や関係を直接的に知覚する場合にも、また間接的に推論によって知覚する場合にも、それに先だって、まずその素材である単純観念を、感覚や内省を通じて受動的に受け容れざるをえない（II. i. 2-5、25; II. ii. 2）。

以上の二点から、第三の「知性」の特徴が浮かび上がる。「知性」は、「理性」という推論の能力を包摂しそれを従属させ、かつ同時に直観の能力としても働くような、包括的な知的能力である。ロックは、スティリングフリートへの応答において、「理性」が「知性」の諸能力の一つであると述べている。「単なる観念は、知性の対象であり、理性は、これら諸観念に関して用いられる知性の諸能力の一つである」(WK, IV, 70)。実は、よく考えてみると、ロックのこの言明は知性概念の曖昧さを示すものである。なぜなら、理性を知性のもつ能力の一つとして規定することは、一つの能力が別の能力をもち、それを自らに従属させるという主張をすることに等しいからである。この主張は、ロックによれば、能力と能力の行使主体を混同したものであり、スコラ主義的な誤りとして斥けられるべきものである(E, II, xxi, 16-20)。この誤りを避けるためには、ロックはスコラ主義的立場を正しいと認めるか、あるいは「知性」を能力としてではなく、能力を保有する主体ないし「心」として捉え直さなくてはならないだろう。実際ロックは、時おり「知性」と「心」を同義に用いているようにも見える(E, I, i, 2; I, ii, 5; II, i, 3, 4, 25; II, x, 2, etc.)。しかし、そうであれば、今度は知性は一つの「能力」であるという最初の立場を放棄せざるをえなくなる。結局こうして、「知性」の性格づけには曖昧さが残り、また知性と理性の関係についてのロックの理解も不明瞭であることが判明する。しかし、少なくとも、知性は理性をも包摂するような上位の能力らしいということは推測できる。

もともと、古代から近代初頭までの哲学史において、心の諸能力がランクづけされる際には、高度な直観としての知性(nous, intellectus, the understanding)が上位に置かれ、次に理性

(logos, ratio, reason)、最後に感覚（aisthesis, sensus, sense）が位置づけられた。ロック以降の哲学史の展開においては、カント（Immanuel Kant, 1724-1804）が理性（Vernunft, reason）を上位に捉え、悟性（Verstand, understanding）を「感性」によって提供された素材を加工して普遍妥当的認識を作る中間的能力として位置づけたため、諸能力の間の伝統的秩序は崩れることになる。日本では、かつて「悟性」という語がロックの'the Understanding'の訳語として用いられたが、この語の使用は、ロックをカント以降の枠組で捉える傾向を助長し、ロックの知性概念の包括性や、知性による直接的認識と理性による間接的認識という古くからの対比を見失わせてしまう。

(33)「ウェストミンスターホール」(Westminster Hall) は、イングランドの国会議事堂に接続したところにある中世以来の建物の名称。一九世紀までコモン・ローの上位裁判所がここで開かれた。「証券取引所」(the Exchange) は、一五六六年にトマス・グレシャムが建てた証券取引所であり、'Royal Exchange'（王位証券取引所）とか'the Old Exchange'とも呼ばれる。ロックは、ここで司法と金融とを対比している。

(34) インズ・オブ・コート（Inns of Court）、ロンドンにあるバリスタ（barrister 法廷弁論を行なう弁護士）の自治組織であり、バリスタの教育と養成にあたって中心的役割を演じた。中世においては十余りの Inn があったが、現在は Lincoln's Inn, Middle Temple, Inner Temple, Gray's Inn という四つの法曹学院だけが残っている。

(35) ロックは、「修辞学と論理学」について、「規則を研究することによって、優れた推論と立派な話し方の技術を体得したような人を、見たことなどない」と言い、紳士となるべき人間がこれらの形式的な学問に多くの時間を費やさないようにと警告する。優れた推論のためにはチリングワースの著作を、雄弁術についてはキケロの演説という実例を与え、それらに親しませるべきことを奨める。STCE, sec. 188.

(36)「観念」(Ideas) は、ロックが『人間知性論』で最も頻繁に用いる語である。それは、「およそ人間が考える時、知性の対象となるようなあらゆるもの」を表わすのに役立つ語であり、「心象 (*Phantasm*)、思念 (*Notion*)、形象 (*Species*) によって意味される一切のもの、すなわち、思考する際に、心が用いられ関わりうるような一切の対象」を表わす (E, I, i, 8)。ロックの「観念」の多義性は多くの論者によって指摘されるが、二〇世紀前半の例として、Gilbert Ryle, 'Locke on the Human Understanding,' *Collected Papers*, vol. 1 (Bristol: Thoemmes, 1990), pp. 128-135 を参照。

(37)「明晰で確定された観念」(clear and determined Ideas) という表現は、「明晰判明な観念」(clear and distinct ideas) という語句と同義であるか、あるいは、「明晰な」(clear) と「確定された」(determined) を結合して、後者 (訳注 (15) 参照) を強調したものだろう。E, II, xi, 3 での用法や TF, 111 を参照。

「明晰な観念」とは、ロックによれば、「心が、十分かつ明証的に知覚する観念のことであり、外部対象が健全に働いている器官に然るべき仕方で作用する場合に実際に受け取るような観念」(E, II, xxix, 4) である。ロックは、これを「判明な観念」(訳注 (17) 参照) と区別するが、この区別は、デカルト『哲学原理』(野田又夫編『デカルト』中公バックス世界の名著、二七巻、三五一頁)の一部四五節における「明晰」と「判明」の区別に対応する。

(38)『人間知性論』三巻全体が「言葉について」の考察である。特に、「言葉の不完全さについて」(E, III, ix)、「言葉の誤用について」(III, x)、「前述した不完全さや誤用の治療法について」(III, xi)を参照。Bacon, 'Novum Organum,' I, Aphs. 43, 59, 60〔服部英次郎訳「ノヴム・オルガヌム」第一巻、アフォリズム四三・五九・六〇、二三八、二四三―二四五頁〕における「市場のイドラ」とも比較すべし。'Novum Organum'は、訳注(10)で示した *Collected Works of Francis Bacon* に所収。服部訳「ノヴム・オルガヌム」は、同じ訳注で示した『世界の大思想　八巻　ベーコン』に所収。以下、「ノヴム・オルガヌム」に言及する際には、これら二冊を使用する。

(39)「原理」(Principles)は、「私たちの探究において、そこから出発せざるをえず、それ以上ふり返って見てはいけない始まり」(E, IV, xii, 1)である。要するに、探究の出発点、源泉、基礎のことである。『人間知性論』第一巻でロックは、真偽の判断を行なうための思弁的原理(例えば、「およそあるものはある」「同じものがあってあらぬことは不可能である」〔E, I, ii, 4〕)と、行為の正や不正を判断するための実践的原理(例えば、正義と契約遵守の原理〔E, I, iii, 2〕や「子供を保護することは親の義務である」〔E, I, iii, 12〕)を区別したうえで、どちらの種類の原理も生得的ではないと論じる(E, I, ii-iii)。ロックによれば、「原理の確実性についての知識は、他のすべての知識と同じように、私たちの諸観念の一致や不一致を知覚することにのみ依存する」のである。それゆえ、私たちの知識を改善する最善の方法は、原理を盲信して呑み込むことではなく、「私たちの心の中に、もてる限りの明晰で判明で完全な諸観念を獲得して固定し、それらに固有な恒常的な名前を結合することである」(IV, xii, 6)。

(40) E, IV, xx「間違った同意、つまり誤謬について」のロックの考察、とりわけ「蓋然性の間違った尺度」に関わる部分(IV, xx, 7-18)を指すものと思われる。

(41)「意見」(Opinions)は、心が「同意」する場合と同じように、心が命題を議論や証明に基づいて、真でありそうだと判断して受け容れたものである(E, IV, xv, 3)。訳注(7)(168)参照。ロックは、「知識」と「判断」を対比するように、「知識」と「意見」を対比する。意見は、どれほど説得力があるものでも、確実性ではなく蓋然性の領域に属する。『人間知性論』第四巻の題は、「知識と意見について」となっている。大槻訳は、'Opinions'を「臆見」としている。

(42)「公準」(Maxims)は、自明と見なされた一般的命題であり、世間ではこれがしばしば「原理」として通用する。E, IV, vii においてロックは、スコラ主義における「公準」(maxims)――「あるものはある」「同じものがあってあらぬことは不可能である」「全体は部分より大きい」など――の使用を批判する。「公準(Maxims)と公理(Axioms)という名称を得て、学問の諸原理としてまかり通ってきたある種の諸命題がある。しかも、それらの命題は自明であるために、生得的だと想定されてきた」(IV, vii, 1)とロックは述べ、この自明な公準が、新しい知識の獲得や真理の発見にとって無益で危険であると指摘する(IV, vii, 11, 15, 19, 20)。ロックが批判する「公準」は、彼が生得的「原理」(Principles)を批判する文脈では

「原理」と同義であるように見える（I, ii, 4, 12, 14, 18, etc.）。しかし、そもそも「原理」は、源泉、始まり、基礎といった意味を本来もっているのであり、必ずしもスコラ主義の「公準」が「原理」である必要はない。それゆえロックは、いかにしてスコラ的な「公準」が、学問や知識の「原理」としてまかり通るようになったかを説明する（e.g. IV, vii, 11, p. 600）。

(43) E, IV, xii, 13でロックは述べる。「**私たちは、どれか一つ［の仮説］をあまりにも性急に取りあげる**べきではない（いつも事物の原因を見通し、依拠できる原理をもとうとする心は、それを大変したがるのだが）」。

(44) 「前提」は‘Hypothesis’の訳である。ここでは、「仮定」もしくは「仮説」という意味よりも、「基礎」や「土台」という意味あいが強く出ている。「下に置かれたもの」という原義に近い意味の‘Hypothesis’である。

(45) 全集版では、‘thought or skill; that they conclude (because they know no better) they have in perfection’となっており、セミコロンがthatの前に置かれているために意味が不明瞭である。しかし、底本ではこのセミコロンはコンマであり、ここに訳したような意味になる。MS. Locke e. 1, p. 79でもインクが滲んでいるがコンマが見られる。

(46) 原文では、‘when they are led by it into Mistakes, and their Business succeeds accordingly’となっている。ロックはすぐ後で、「たとえ何が自分の仕事を失敗させたとしても」と述べているので、‘succeeds’は「成功する」ではなく「継起する」の意味に解釈して、このような訳をつけた。

(47) 底本では、「つまり」(: that is,) となっている。全集版は 'is' の後のコンマがない。MS. Locke e. 1, p. 78では、'That is' と新しい文が始まり、その後は判読しがたいがコンマはないようである。いずれにしても、ここで訳したような意味になる。

(48) 第七節を参照。

(49) 「導出」は 'deductions' の訳である。訳注 (104) を参照。

(50) 底本では、この文章はピリオドで終わっており、次の文章に疑問符がついている。全集版では、この文章に疑問符をつけ、次の文章をピリオドで終えている。MS. Locke e. 1, p. 80では二つの文章ともピリオドで終わっている。ここでは全集版の訂正に従った。

(51) 蓋然的推論を収支計算に喩えるのは、同意と不同意の両方を考慮に入れて結論を出す必要があるからである。本書、第七節や第一六節も参照。総額の算出という喩えは、E, IV, xx, 15; IV, xvi, 1にも見られる。

(52) 「理をわきまえた被造物」は、'reasonable Creatures' の訳であるが、ここでは、すぐ次に出てくる「理性的被造物」(rational Creatures) と同義と考えてよい。

(53) 底本の 'they are not at all rational' を訳した。全集版では 'they are not all rational' と修正されており、「彼らが皆、理性的であるというわけではない」という意味になる。ロックが後者を主張しようとしたという解釈もある (e.g., TF, 113)。ところが、MS. Locke e. 1, p. 82とMS. Locke c. 28, f. 131では、'not at all rational' となっている。「彼ら」が「推論に慣れていない人たち」を指すことや、「慣れと訓練」だけが人間を理性的にするというロックの見解を考慮すれば、底本と草稿の文章こそがロックの一貫した思考を表わしていると考えられる。
(54) ロック自身、何度か子弟の教育に携わったり教育の監督を経験している。一六七七年、フランスで旅行をしながら富裕な商人ジョン・バンクスの息子カレブ・バンクスの教育に携わった時には、ロックは手紙の中で、論理の基礎を全く学んでいないのに数学を学ばせるのはあまり理に適ったやり方ではない、と述べている (18/28 August 1677 の手紙)。*The Correspondence of John Locke*, vol. 1, ed. E. S. de Beer (Oxford: OUP, 1976), letter no. 352, p. 513.
(55) 「知覚」(Perception) に関して、ロックは『人間知性論』で次のような見解を述べている。「知覚」する能力は、「私たちの観念について行使される、心の最初の能力」であり、時おりそれは「思考」する力と同一視されるが、英語の正しい語法によれば、「思考」が観念への心の能動的な作用であるのに対し、「知覚」は能動的なものだけでなく受動的な作用も含む広い心の作用である (E, II, ix, 1)。「知覚」作用がどのようなものであるかは、言葉によってではなく、「見たり、聞いたり、感じたりなどする時、あるいは思考する時、自分が何をしているかを内省する」ことによって、つまり「自分の心の中で何が生じているかを内省する」ことによって、最もよく理解できる (E, II, ix, 2)。この広義の「知覚」に関して、ロックは、身体的な変化が心に到達しない限り、そのような「知覚」は発生しないこと (E, II, ix, 3) や、「知覚」の有無によって、動物が植物などの下位存在者から区別されること (E, II, ix, 11-14) を指摘する。ところが、ロックにとって動物に共通な知覚一般よりも重要なのは、「人間の知性」による三種の「知覚」である。ロックは、「心の中にある諸観念の知覚」、「記号の意味の知覚」、諸観念の「結合や対立、一致や不一致の知覚」を「知性の行為」として重視する（II, xxi, 5）。そうして、人間の「知識」を「観念」の「結合」あるいは「対立」の「知覚」として定義する（IV, i, 2; 訳注（69）参照）。数学を学ぶ生徒が「二つの観念の結合を知覚していない」というのは、要するに、「知っていない」という意味である。

（56）底本に付けられた序文（Introduction, xi-xii）で、ジョン・ヨルトンは、ロックが『知性の正しい導き方』において、『人間知性論』や『教育に関する考察』におけるのとは異なり、数学を推論のための重要な訓練とする新たな立場を打ち出していると指摘する。しかし、この解釈は訂正される必要がある。ロックは、数学の基礎としての「算数」（Arithmetick）が、「抽象的推論のうちで最も容易であり、したがって最初になすべき種類のものであり、ふつうは心はこれに耐え、慣れる」（STCE, sec. 180）と述べ、また「幾何学」とりわけ「ユークリッドの最初の六巻」を子供に教えることを奨めている（STCE, sec. 181）。数学と知識の改善の関連についてのロックの見解は、すでに初版のE, IV, xii, 15にも見られ、またスティリングフリートへの応答（WK, IV, 427f.）にも登場する。さらに、ロックは『人間知性論』第四巻の「論証可能な倫理学」（IV, iii, 18）のテーゼを提示し、倫理学が、数学の一分野である幾何学と同じように、論証可能な学となりうるとも主張している。数学が推論の方法を身につけるのにふさわしいというロックの立場は、これらの見解の延長線上に位置づけられるべきである。

（57）「蓋然性」については、E, IV, xvを参照。「**蓋然性**とは、真でありそうなことである（*probability* is likeliness to be true）。この語の語源的な意味それ自体が（the very notation of the word) 示すように、それは、議論や証明が存在するために真なるものとして通用したり、真なるものとして受け容れられる命題のことである」(IV, xv, 3)。この蓋然性は、数量的な概念ではなく、真らしさという意味をもつ。E, IV, xv, 1 の見出しには、「蓋然性とは、可謬的な証明に基づいた一致らしきもの (the appearance of agreement upon fallible proofs) のことである」と書かれている。

右の IV, xv, 3 からの引用の中で、ロックは、'notation' に言及している。大槻訳（四）、二四一頁ではこの語は「表示」と訳されているが、これは正しくは「語源的あるいは主要な意味」(OED, 'notation', 1) のことである。『人間知性論』の草稿Aにおいては、ロックは、「蓋然性」の語源的意味が「真でありそうなこと」であると述べ、その後で、それが「派生的に」「証明されうるもの (quod probari potest)、つまり、議論や証明が存在するために真なるものとして通用したり、真なるものとして受け入れられる命題」を意味すると述べる。John Locke, *Drafts for the Essay Concerning Human Understanding and Other Philosophical Writings*, ed. by Peter H. Nidditch and G. A. J. Rogers, vol. 1 (Oxford: OUP, 1990), p. 62. 参考までに、Cicero, *Academica*, II, 32 では、'probabile' (= 'probable') は真理に似ていることとして提示される ('probabile aliquid esse et quasi veri simile'「何かが蓋然的であって、真理に似ているかのようである」)。Cicero, *op. cit.*, pp. 508. 509. なお、ロックは蓋然性を数量的に把握してはいないが、蓋然性に程度があると考えてはいる (IV, xv, 2)。数量的な蓋然性把握が始まったのは、イアン・ハッキングによれば、アルノーとニコルの *La logique ou l'art de penser*

（『論理学、あるいは思考の技術』）第四部最後の四つの章、とりわけ最後の二つの章においてである。Ian Hacking, *The Emergence of Probability* (Cambridge: CUP, 1975), pp. 77f.

この段落や他の箇所に見られる「論証（的知識）」と「蓋然性」の対比を理解するためには、ロックによる「知識」と「蓋然性」の峻別（E, IV, xiv, 2-4; IV, xv, 2-5; IV, i, 2）を理解する必要がある。ロックによれば、「知識」は、諸観念の一致や不一致の「知覚」であり、この知覚が欠如している場合には、蓋然的判断や推測や思いこみはあったとしても、決して知識は成立しない。なぜなら、知識は確実性を本質としており、それを確保するためには、直接的な知覚が不可欠だからである。最も確実で明晰な知識（「直観的知識」と呼ばれる）は、「白は黒ではない」といった命題が真であることを知る場合のように、白の観念と黒の観念の不一致を直接知覚して成立する知識である（IV, ii, 1）。「論証的知識」は、別の中間的観念（証明）を媒介として、間接的に諸観念の一致や不一致を知覚する場合に成立するが、この論証的知識が確実であるのは、論証のすべてのステップに先の「直観」が含まれるからである（IV, ii, 1, 2, 3, 7）。

以上のことを理解すれば、ロックによる次の「論証」と蓋然的「判断」（ないし「同意」）の対比もわかりやすい。誰かが、三角形の内角の和が二直角の和に等しいことを論証する場合、三角形の内角の和と（それが二直角の和と等しいことを示すための）中間的諸観念の間に、「確実で、変更不可能な結合があることを知覚する」。他方、数学者の論証を信用して、論証を自分で知覚することなく、三角形の内角の和が二直角に等しいことを「真なるものと見なして受け容れる」、つまりそれに「同意する」場合には、人は蓋然的判断を形成する。この場合、諸観念の結合は恒常的でも不変でもなく、少なくとも、そのようなものとして本人が「知覚」したものではない。その結合は、数学者の誠実さという前提の上に成り立ったものであり、概して恒常的で不変であるようなもの、あるいは、それらしく見えるものである。E, IV, xv, 1および本書の「訳者解説」三・二を参照。

(58)「同意」(Assent)については、E, IV, xvi、本書の第三三節、訳注(168)を参照。

(59)原文では、'the way of disputing in the Schools' である。ロックが 'the Schools' という語を用いる場合には、「大学の学部、大学一般」とか「学問的議論、または伝統的な学問的教義や方法の領域」といった意味(OED, 'school', 7. b)のみならず、「スコラ主義の哲学者や神学者たち」(OED, 'school', 8)という意味を込める場合が多い。ロックは、クライスト・チャーチの学生としての自分自身の経験を振り返り、大学でのスコラ的な討論が、真理の発見のための方法ではなく、論争に勝つための方法であると語っている。スコラ的な討論の方法は当時のヨーロッパの大学で広く用いられていた。W. N. Hargreaves-Mawdsley, *Oxford in the Age of John Locke* (Norman, Oklahoma: University of Oklahoma Press, 1973), pp. 97, 100. ロックがスコラ的討論を低く評価していたことについては、STCE, sec. 189 を参照。

(60)「ひとつのトピカ的議論」は、'one topical Argument' の訳である。「トピカ的」(topical)は、アリストテレスの著作『トピカ』(英訳書名 *Topics*)に由来する言葉である。『トピカ』は、確実な前提ではなく、多くの人や賢明な人たちが受け容れる「確からしい」(=「蓋然的な」)前提から出発するような、弁論術的な三段論法を探究する。アリストテレスの言葉を引用すれば、『トピカ』は、「確からしい前提から出発し、提案されたいかなる問題についても論じることができ、かつ検討中に自分で自己矛盾を避けることのできる方法を見出す」(100a20)ことを目的とする。後にキケロは、同名の著作『トピカ』の中で、トピカを論点の発見術として捉え、真偽の判定術としての論理学と対比したが、ロック自身は、スコラ主義に見られるような、討論に勝利することを目的とした蓋然的前提からの議論を「トピカ的議論」と呼んでいる。ロックは、第四四節や、E, IV, xvii, 5でもトピカ的議論に言及している。なお、E, IV, xvii, 5の'one topical Argument'は、大槻訳(四)、二八二頁では、「一つの話題となった議論」と訳されている。

'Topical'という語については、OED, 'topic', 'commonplace'の語源の説明、OED, 'topic', I. 1. a, B. I. 1; 'topical', 2の定義(「一般的な公準に関わる、論証的ではなく単に蓋然的な」)や用例、さらにTF, 116を参照。そのほか、'Topics' in *The Complete Works of Aristotle*, 'Past Masters' on CD-ROM (InteLex Corporation); Sir David Ross, *Aristotle* (London: Methuen & Co., 1964); pp. 56ff.; Cicero, *De Inventione, De Optimo Genere Oratorum, Topica*, with an English Translation by J. M. Hubbell (Cambridge, Mass.: Harvard University Press, 1993) も参照。

(61) 底本では、'through'となっており、MS. Locke e. 1, p. 93, MS. Locke c. 28, f. 124でも同じ綴りが登場する。これは'thorough'を誤って綴ったものと見なし、「完璧な」と訳した。全集版では、'thorough'と訂正されている。

(62) ロック自身、キリスト教という宗教を「理解し正しく推論する」試みを行なった。ロックは、一六八九年出版の『寛容についての書簡』(*Epistola de Tolerantia*)において宗教と政治権力の関係を考察したが、キリスト教の教義に関する著作としては、一六九五年の『キリスト教の合理性』(*The Reasonableness of Christianity, as Delivered in the Scriptures*, WK, VII [服部知文訳、国文社、一九八〇年])、および一七〇五年から一七〇七年にかけて初めて刊行された『聖パウロ書簡の釈義と注解』(*A Paraphrase and Notes on the Epistles of St Paul*, ed. Arthur W. Wainwright, vols. 1 & 2 (Oxford: OUP, 1987))が特に重要である。

(63) 底本のこの箇所‘and had but those that would enter them according to their several Capacities in a right way to this Knowledge’は、長い文章の一部分であるが、構文の乱れのために意味が確定しない。MS. Locke e. 1, pp. 94, 95 と MS. Locke c. 28, f. 136 の文章も同じである。TF, 117は、〈暇な時間がある人たちが、そうでない人たちを、それぞれの能力に応じて、正しい仕方でこの知識へと導き入れさえすればよい〉という解釈を提案している。この提案をもとにして、前後関係を考慮して訳をつけた。

(64) ロックは、一六七八年のフランス旅行の際に、フランス小作農の貧困をじかに観察している。例えば、ボルドー付近を訪れた際の一六七八年九月一五日のロックの日誌を参照。*Locke's Travels in France: 1675-1679*, edited with an Introduction and Notes by John Lough (Cambridge: CUP, 1953), pp. 236-237; also, H. R. Fox Bourne, *The Life of John Locke*, vol. 1 (New York: Harper & Brothers, 1876), pp. 400-402.

「近年」のプロテスタントに言及している背景には、一六八五年のナントの勅令の廃止以降、多数のユグノー（フランスのプロテスタント）が迫害を逃れてイングランドにやってきたという事実がある。一六九三年にロックは、ユグノーのイングランドへの集団的帰化を促進する法案の草稿を書き、彼らの帰化を経済的理由によって擁護している。'For a Generall Naturalization', *Locke on Money*, ed. Patrick Hyde Kelly (Oxford: OUP, 1991), vol. 2, pp. 487-492. また、『寛容についての書簡』や、明示的には『第二寛容書簡』『第三寛容書簡』において、ロックはフランスでのドラゴナード（竜騎兵によるプロテスタント虐殺）に言及している（WK, VI, pp. 9, 64, 151, 152, 283, 286, 380, 409, 413, 441, 530）。

（65）これは第五節と同じタイトルである。この重複は、『ジョン・ロック氏遺稿集』の編者が、草稿の見出しを整理せずにそのまま出版したために生じたものである。

（66）「感官」は、'Senses' の訳であり、「感覚器官」のことである。ロックによれば、人間は、知識や意見の素材をなす諸観念を「感覚」（Sensation）または「内省」（Reflection）によって獲得する（E, II, i, 2-5, 20-24）。そして前者の「感覚」は、「感官」に依存する（II, i, 3）。様々な色の観念は目という感官を通じて、音の観念は耳を通じて、匂いや味は鼻や上顎を通じて、熱や固性の観念は触覚を通じて心にはいってくる、つまり、外的対象が与える刺激は、神経を通って脳に伝えられる（II, iii, 1）のである。

（67）特に、「混合様相および関係の名前について」（E, III, v）を参照。

（68）底本では、'what moment it is to their Understandings to be furnish'd with such abstract *Ideas* steady and settled in it' であり、MS. Locke e. 1, pp. 98-99 の文章もこれと同じである。

全集版では、最後の 'it' が 'them' に修正されている。この 'them' は「人々の知性」(their Understandings) を受けるので、適切な修正である。

(69)「知識は、私たちの諸観念のうちのどれかの結合と一致、あるいは不一致と対立を知覚したものにほかならない、と私には思われる。この点においてのみ知識は成立する」(E, VI, i, 2)。

(70) E, II, xxx(「実在的観念と空想的観念について」の章)を参照。

(71)『新約聖書』マタイ福音書、七章、三節(口語訳を一部修正)。

(72)「明証性」は 'Evidence' の訳語で、「明らかであること」や「明白さ」(OED, 'evidence', 1: 'clearness, evidentness')を意味する。

(73) 底本では 'his' であり、MS. Locke e. 1, p. 206 も同じである。全集版では 'this' となっているが、'his' が適切である。自分の同意と自分の明証性がここで対比されている。

(74) ここでロックは、次のラテン語の文章を出典を記さずに引用している。'Qui aequum statuerit parte inaudita altera, etiam si aequum statuerit haud aequus fuerit.' これはセネカの次の文章によく似ている。'Qui statuit aliquid parte inaudita altera, aequum licet statuerit, haud aequus fuit.' Seneca, 'Medea,' 199-200, in *Seneca: Tragedies I*, with an English Translation by Frank Justus Miller (Cambridge, Mass.: Harvard University Press/London: William Heinemann, 1979), pp. 246, 247 を参照。田中秀央・落合太郎編著『ギリシャ・ラテン引用語辞典』新増補版(岩波書店、一九六三年)は、これとよく似たもう一つの文章も収録している。'Qui aliquid statuerit parte inaudita altera, aequum licet statuerit, haud aequus fuerit.' がそれであ

り、出典は「6 Co.［= Coke's Reports］52」と記されている。エドワード・クック『判例集』のおそらく六巻、五二頁からの文章だろう。ロックが引用文に込めた意味を解説的に示せば、次のようになる。「たとえ結果的に公正な判断と同じ内容をもつ判断を下したとしても、双方の対立する言い分を聞いて検討するという手続きを踏まなければ、それは公正な判断とは言えない」。

（75）「不偏不党性」は'Indifferency'の訳である。好み、情念、利害、党派などによって偏った立場をとるのではなく、公平で無差別的な立場をとる態度を指すが、ロックにおいて、これは真理のみにコミットする態度でもある。この'Indifferency'は'impartiality'の同義語（OED, 'indifferency', 1: 'Absence of bias, prejudice, or favour for one side rather than another; impartiality, equity, fairness'）であり、'partiality'（第二二節、二四節に登場する語で「偏愛」と訳した）の反意語である。文脈によっては、「中立［性］」や「無差別［性］」という訳語をあてる。この語には、偏愛の対立物としての感情的中立という意味もあり（訳注（80）を参照）、積極的な感情や関心の欠如という意味もある（OED, 'indifferency', 2: 'Neutrality of feeling, hence, absence of active feeling or interest'）。好み、情念、利害、党派などに「無関心」であることが、不偏不党性につながるわけである。なお、ロックは、心の無差別的な「中立性」（Indifferency）や心の特定の「決定」が、行為の「自由」にどのように関係するかという問題をE, II, xxi, 48, 69, 71, 72で考察する。

（76）底本、全集版とも'Examine'（「検討する」）となっている。

(77) 底本では'the receiving it in the Love of it as Truth'であり、MS. Locke e. 1, p. 104の文章と合致し、ここで訳したような意味になる。全集版では'the receiving it, the love of it, as truth'となっているために、「それを、つまりそれへの愛を、真理として受け容れること」となり意味をなさない。「真理愛」については、E, IV, xix, 1を参照(E, IV, xix「狂信について」は、『人間知性論』第四版で付け加えられたものである)。

(78) 'Imposition'という語は、一般に、「強制」「押しつけ」「無理強い」といった基本的意味をもち、その結果としての「欺き、詐欺」や、上からの押しつけの具体的形態である「課税」や「刑罰」を意味する。ここでロックは、一七世紀的な'imposition'を念頭に置いて、「強制」と「呼ばれた」と過去形で書いている。*The Shorter Oxford English Dictionary* (3rd ed., 1985)によれば、ピューリタンたちは'imposition'という語を、「聖書に根拠がないのに強制された教義や儀式」を指すのに用いたという。ロックは、為政者が礼拝形式や信仰箇条を「強制」する権力をもつかという問題を生涯論じたが、それは、一六六〇年にロックがエドワード・バグショーに対する反論として書いた世俗権力と宗教的礼拝に関する論考に始まる。その論考の考察した問いは、次のように「強制する(impose)」ことに関わる――「問い 世俗の為政者は、宗教的礼拝に関して、中立的事物の使用を合法的に強制し決定してよいかどうか」(*Question: Whether the Civil Magistrate may lawfully impose and determine the use of indifferent things in reference to Religious Worship*)(TRG, 124, 一二三)。もちろん、『寛容についての書簡』以降においても、礼拝や教義の'imposition'(や違反した場合の刑罰の'imposition')が論じられる（WK, VI, 9, 15, 33, 56, 154, 156, 239, etc.)。
（79）知性は強制できないし、強制すべきでないという主張は、ロック寛容論の核をなしている「政教分離」の主張——為政者の刑罰権は各人の信仰や礼拝から分離されるべきであるという主張——を支える有力な根拠の一つである。ロックは、初期の『世俗権力二論』で、「知性と同意は強制力が働きかけることができるものではない」（TRG, 127, 一二九）と述べ、『寛容についての書簡』でも、「いかなる外的な力によっても無理強いはできないということ、それが人間知性の本性である」（TOL, 68, 69, 一三）と述べている。ロックのこの見解を考察したものとしては、下川潔『ジョン・ロックの自由主義政治哲学』（名古屋大学出版会、二〇〇〇年)、第一章を参照。
（80）「中立性」は'Indifferency'の訳だが、両極端を避けてその中間を取る態度ではない。真理のみにコミットして、それ以外のことに関しては中立的ないし無差別的な立場をとる態度を指す。「不偏不党性」についての訳注（75）を参照。
（81）行為の選択肢を「検討」することの意義や「検討」と行為の自由の関係については、E, II, xxi, 47, 50, 66, 71を参照。意見の真偽の「検討」については、本書の第三三節、三四節、三五節のほか、E, IV, xx, 6, 12, 16, 18を参照。「検討」と「刑罰」の関係については、『第二寛容書簡』（WK, VI, 61-137）と『第三寛容書簡』（WK, VI, 141-546, 特に chaps. 1, 6, 8, 9, 10）を参照。
（82）ロックは、STCE, sec. 94, p. 156［服部訳、一三八—一三九頁］において、将来の紳士を育てる家庭教師は、特定の学問領域の内部に「生徒を長く留めておくべき」ではなく、むしろ様々な領域を少しずつ教え「ドアを開いて、中を見ることができるように」すべきだと述べている。

(83) 底本では、'and is often the cause, to Men so educated, when they come abroad into the World, and ....., to cast off all Principles and turn perfect Scepticks, ...' であり、全集版では修正され、'and often cause men so educated, when they come abroad into the world, and ..... to cast off all principles, and turn perfect sceptics, ...' となっている。底本の文章は、綴りやコンマの違いを除けば、MS. Locke e. 1, p. 107 の文章に忠実である。全集版は、原文の意味を理解しやすくするために構文を修正している。

(84) 底本では「値します」は 'deserve' であり、MS. Locke e. 1, p. 106 も同様である。全集版では 'deserves' となっていてその主語は単数である。ここでは文章全体の流れから後者のように訂正するのが適切だと判断して訳をつけた。

(85) 底本の見出しは、'Observation' であり、全集版のそれは 'Observations' となっている。'Observation' の動詞 'observe' は、「注視する、注意する、見守る、守る、配慮する、遵守する」などを意味するラテン語動詞 'observare' に由来する。'Observation' は、「注意して見る行為」ないし「観察」ばかりでなく、その結果として引き出された一般的な「規則や公準」あるいは「口頭や書面での所見」も意味する。以上、OED, 'observation' 5, 7, 8. この節でロックが論じるのは、集められた個別的事実を注意深く眺めて、そこからどのようにして一般化を行なうべきかという問題であるから、「観察に基づく一般化」と訳した。

（86）ここで‘making Observations on the particular Facts recorded in them’という表現が使われている。この‘making observations’は、「現象をその原因や結果や他の現象との相互関係に注意して見ること」（OED, ‘observation,’ 6）、観察した結果を記すこと、観察したことに基づいて「規則や公準」（‘observation,’ 7）を導き出すこと、「口頭または書面で所見」（‘observation,’ 8）を述べること、といった一連の行為を踏まえて理解すべきである。OEDは、最後の8の用例としてBacon, *Advancement of Learning*, II, ii, 2からの文章を挙げている。

（87）底本では原語は‘croud’となっているが、全集版では‘crowd’に改められている。

（88）ここまでのロックの叙述の展開は、Bacon, ‘Novum Organum,’ I, Aph. XCV［服部訳「ノヴム・オルガヌム」第一巻、アフォリズム九五、二七三頁］における論理展開と対応している。ベーコンは、アリのような「経験派」とクモのような「独断派」を対比し、その上で両者を統合するものとして、実験能力と理性能力の「神聖な同盟」に期待をかける。

（89）「個別的諸事実からの十分にして入念な帰納」は、‘a sufficient and wary Induction of Particulars’の訳である。ここでのロックの‘induction’への言及は、ベーコン主義の基本精神に賛同しているものとして解釈できよう。ただし、ロックはベーコンの帰納法それ自体を考察してはいないし、ベーコンの帰納法の内容についてどのような評価をするかを知ることはできない。第二五節の「性急さ」についてのロックの論述もあわせて参照。

なお、インテレックス社（InteLex Corporation）の‘Past Masters’シリーズのCD-ROM, *The Philosophical Works of John Locke*を使って検索する限り、ロックの著作で‘induction’と

いう語またはラテン語'inductio'が「帰納」の意味で用いられて登場するのは、この箇所のほかには、初期の『自然法論文』第三論文（「自然法は人間の心に刻みこまれているか、否」という表題をもつ論文）の最後の段落があるだけである。その箇所でロックは、個別的事実の観察やそれに基づく帰納が、学問の第一原理を確立する正しい方法であると述べているが、ここでは経験的な一般命題と論理的な第一原理と明確に区別されていない。参照、ELN, 144-5, 145 n. 2; also, *Questions concerning the Law of Nature*, ed. & trans. Robert Horwitz, Jenny Strauss Clay, and Diskin Clay (Ithaca, N. Y.: Cornell UP, 1990), pp. 150-1. 浜林正夫訳、一五四頁。

(90) 底本では「寄せ集め」を意味する語は'Rapsody'と綴られているが、全集版では'rhapsody'と改められている。

(91) 底本では、この節は誤って「第一三節」とされているが、ここでは全集版に従いこの誤りを訂正して「第一四節」にする。以下、この翻訳における節の番号は、底本におけるそれと一つずつずれる。さらに底本「第三八節」でもう一度重複が生じる。この翻訳ではそれも訂正し、節の番号はすべて全集版のそれと一致させる。

(92) 原文の見出しは'Bias'であり、「偏り」「傾き」「傾向性」「性向」などを意味する（OED,'bias' 3. a: 'An inclination, leaning, tendency, bent'）。この節では、利害に敏感な「生来の気質や情念」が、偏った「判断」を生みだすことが考察されるので、このように訳した。生来の傾向性（inclination）を克服し、「理性」によって行為を統御するというテーマは、『教育に関する考察』に繰り返し登場する（STCE, secs. 33, 45, 50, 52, 55, 70, etc.）。

（93）底本では、'For to those in their turns the several Sects of Men, especially in matters of Religion, entitle God and a good Cause.' という文章であるが、全集版は 'to' を削除している。MS. Locke e. 1, p. 112では、前の文章にコンマをつけ、その後に 'for to those in their turns ……' と書かれている。ここでは底本とMS. Locke e. 1の文を訳したが、'those' は「自分たちの信条や党派」を指すものと解釈した。

（94）底本、全集版とも、この文章には主語がなく、'Espouse Opinions ……' という命令文の形をとっている。MS. Locke e. 1, p. 112を見ると、この箇所は後からの挿入であることが分かる。それを考慮して訳をつけた。cf. TF, 39.

（95）「蓋然的なトピカ」は、'probable Topicks' の訳である。トピカの意味については、訳注（60）を参照。

（96）底本では 'Opiniatrity' という綴りの語が用いられている。これはMS. Locke e. 1, p. 121に従ったものである。OEDにはこの語はないが、それと似た綴りの 'opiniatrety' がある。全集版では、これは 'opinionatry' と修正されているが、OEDによれば、これは 'opiniatrety' と同じく、自説を曲げないでそれに執着する態度や性格を意味する。

（97）原文の見出しは 'Universality'（「普遍性」または「全体性」）となっている。この節でロックは、各人があらゆる領域で少しずつ知識を得る経験を積み、自分の心を自由でしなやかなものにしておくことの意義を説く。

(98)「使命ないし職業」と訳したのは原文では'calling'であり、すぐ次に出てくる「使命」も'calling'の訳である。
(99) 底本の'tast'（味わうこと）は、全集版では'taste'と修正されている。
(100) ベーコン『ノヴム・オルガヌム』一巻、アフォリズム五四で展開される「洞窟のイドラ」の記述との類似が見られる。ベーコンは、次のように述べている。「人々はある特定の学問や研究にひどく愛着するのであって、それというのは、人々が自分自身それらの創始者と発明者であると信ずるからであり、あるいはそれらに最大の努力を傾注したからであり、あるいはそれらにもっともよく習熟しているからである。ところで、このような人々は、哲学と一般的な研究をやり始めると、その前から抱いている空想によってそれらのものを歪め痛めてしまう」（服部訳、一四二頁）。続けてベーコンは、アリストテレスが「自然哲学をその論理学に売り渡し」たことや錬金術師の偏狭な哲学に言及する。
(101) 錬金術師として有名なパラケルスス（Paracelsus, 1493/4-1541）によれば、塩、硫黄、水銀は、すべての物質を構成する三原質である。
(102)「賢者の石」（the Philosopher's Stone）とは、錬金術師たちが、卑金属を金に変える力をもつと信じて探し求めた石ないし物質のことである。より広い意味では、人間の精神的再生を一気に実現するような力をもつ原理や概念も指す。
(103)「導き出されている」の原語は、'deduc'd'（底本）、'deduced'（全集版）である。「演繹」という訳をつけない理由については、左の訳注（104）を参照。

(104)「導き出して」の箇所には、‘deduction’という語が登場する。『人間知性論』にも‘deduction’という語が登場するが、これは「演繹」ではなく「導出」と訳すべきである。ロックの‘deduction’という語の用法は、現代の「演繹」という語の通常の用法よりも柔軟であり、それは必ずしも前提と帰結の関係が論理的に必然的であるような推論のことを意味しない。‘Deduction’は、諸観念の論理的結合（「確実な一致や不一致」）ばかりでなく、「それらの蓋然的結合」（‘their probable connexion’）をも含む広い観念諸関係に関わる。これについては、E. IV, xvii, 2; IV, xvi 2を参照［ただし、大槻訳（四）、二六五、二四七頁では、「演繹」と訳されている］。本書二四節にも「蓋然的結合」は登場する。「演繹」という語は形式論理学を連想させ、ロック自身の新しい論理学の性格を把握する上で障害となりうる。John Yolton, *A Locke Dictionary* (Oxford: Blackwell Publishers, 1993), pp. 55-56, ‘deduction’の項目や、David Owen, ‘Locke on Reason, Probable Reasoning, and Opinion,’ *The Locke Newsletter*, ed. Roland Hall, No. 24 (1993), pp. 35-79も参照。

(105) 底本は、‘the Mind should provide it self several Stages’となっており、MS. Locke e. 1, p. 130もこれと同じである。全集版は、‘it self’（心それ自体）を‘it’（＝長い思考の旅）に変えている。意味は大して変わらないとも言えようが、全集版の修正では、心が、常に第一原理に戻る旅をすることなく、ときおり休息する中間地点として自らのために宿場（Stages）を設ける、というニュアンスが十分伝わらない。

(106)「導出」は‘deduction’の訳。訳注（104）を参照。

(107) 本節でのロックの議論は、ベーコンの『ノヴム・オルガヌム』第一巻、アフォリズム一〇四における「中間的公理」(axiomata media) の意義の強調と対応しているようにも見える。'Novum Organum,' I, Aph. CIV〔服部訳、一七七頁〕。ロックはE, IV, vii, 11で、ニュートンが数学的知識を拡大しえたのは、自明の「一般的公準」(例えば、「あるものはある」「全体は部分よりも大きい」)を用いたからではなく、命題に表わされた「諸観念の一致や不一致を示す」「中間観念」(intermediate Ideas)を見つけたからであると述べて、推論についての彼自身の見解を擁護する。しかし、中間「原理」という考え方は『人間知性論』には登場しない。

(108) 「偏愛」は'Partiality'の訳である。「えこひいき」のことである。

(109) 第一〇節から一二節までのロックの論述を参照。なお、本節の内容は、一九節の後半部分とかなり重複する。

(110) これは、第二二節の見出しと同一である。編者がロックの草稿に手を加えずにそのまま出版したために生じた重複である。

(111) ロックは、'res nolunt male administrari'とラテン語で書いている。

(112) 同様にラテン語で、'res nolunt male intelligi'となっている。

(113) Bacon, 'Novum Organum,' I, Aph. 56〔服部訳、二四二―二四三頁〕における古代礼賛と近代への偏愛の対比を参照。

(114) 厳密には『風刺詩』(ロックは'the Satyrs'と綴っている)ではなく『書簡詩』(*Epistulae*), I, iにおいて、と言うべきである。しかし、両者は、形式と内容の両面で似通ったところがあり、しばしば連続したものとして扱われる。松本仁助・岡道男訳『アリストテレース　詩学　ホラーティウス　詩論』（岩波書店、一九九七年）三三七頁の訳者解説によると、ホラーティウス自身は両者をあわせて『談論』と呼んでいた。

(115) ロックがこの段落で念頭に置いているのは、一六八七年にフランスの詩人シャルル・ペロー（Charles Perrault, 1628-1703）によって一段と激しさを増した「古代人と近代人の論争」（Querelle des anciens et des modernes）、およびイングランドでほぼ同じ時期に発生した同様の論争だろう。フォン・ライデンによれば、フランスでの論争ではボアロー（Boileau）が古代人を、そしてペローが近代人を擁護した。イングランドでは、ほぼ同じ頃に、ウィリアム・テンプル卿（Sir William Temple）とチャールズ・ボイル（Charles Boyle）が伝統的権威を擁護し、ウィリアム・ウォトン（William Wotton）とリチャード・ベントリー（Richard Bentley）が近代の側についたという。ロックは、すでに一六六四年のクライスト・チャーチ道徳哲学監督官（Censor of Moral Philosophy）の就任講演で、古代を礼賛し近代を軽蔑する人々に言及している。以上については、ELN, 224/225; 225, n. 2を参照。実際、この古代・近代論争はより長期にわたって続いたものと考えられ、ロック以前には、ボダン、デカルト、ベーコン、ホッブズらが近代人を擁護し、ロック以降には、ヴィーコの一七〇九年の『われらの時代の学問方法について』（*De Nostri Temporis Studiorum Ratione*）がこの論争に対する一つの斬新で批判的な回答として登場する。なお、ロックは、シャルル・ペローの著作の第二版（一六九三年版）*Paralelle* [*sic: Querelle*] *des anciens et des modernes en ce que regarde les arts*

et les sciences を所有していた（H&L, no. 2258）。ロックはまた、テンプル、ボイル、ベントリー、ウォトンらの著作も所有していた。

（116）ラテン語の格言 'vox populi vox Dei' である。これに類似する言葉は古代の文献にも散見されるが、OED によれば、この格言は一五世紀以降の英語文献でたびたび引用され言及されるようになった。'Vox populi' は、「民衆の声」「一般世論」「人々の噂」などを意味する。一七世紀イングランドの内乱期には、「民の声は神の声」はスローガンとして広く流布したようである。ロックは『自然法論文』第五論文の冒頭で、内乱という「最近のきわめて不幸な教訓」に言及し、この格言がいかに間違っていて危険であるかということを述べている。それが党派的に利用され、悪意をもって大衆の間に広められ、略奪や違法行為や国家転覆を正当化した、というのである。ELN, 160, 161.

（117）「多くの頭をもったケダモノ」（many-headed Beast）は、「民衆」や「俗衆」を蔑視する表現である。この英語表現の 'beast' の部分は、しばしば 'monster'（怪物）や 'multitude'（大衆）という語でも置き換えられる。OED, 'Many-headed' (a.) は一五八六年以降から一九世紀半ばまでの用例を挙げており、この表現が、ホラーティウスの『書簡詩』I. i. 76 の 'Belua multorum es capitum'（「あなたは、多くの頭をもったケダモノだ」）に由来すると記している。なお、ロックがこれを「称号」（Title）と呼んでいるのは、大衆を侮蔑し自ら称号に執着する貴族的エリートに対する皮肉を込めているのである。

（118）底本では、'the common and beaten Tract' である。これは MS. Locke e. 1, p. 143 に従った

ものだが、全集版では'Tract'は'track'に修正されている。この修正に従って訳した。

(119)「自然的作用因」は、'Natural Agents'の訳である。意志や知性をもたない物体を指す。

(120)「意志的行為主体」は、'voluntary Agents'の訳である。意志の力を行使して行為する主体を指す。

(121)「批評」は、'Critical Writings'の訳である。この段落でロックは「批評」を還元主義的に狭く定義する。これは美的判断に関わる批評を含まない。第三一節では、「多義的な言葉は……批評や辞典(Criticisms and Dictionaries)の対象とされるべきだ」と言われる。

(122)外界の事物の存在に関する知識(「感覚的知識」)や個別的命題の真理に関する知識が成立しうるという論点については、E, IV, ii, 14; IV, xi, 3-8 & 13を参照。この段落でロックは、一般的命題を個別的命題と対比している。

なお、ロックは「直観」(Intuition)による一般的真理の発見を「人間理性」(human Reason)による発見の中に含めているが、これによって、本来の推論能力としての「理性」という意味を拡大し、「理性」と「知性」の区別を曖昧にしている。これはロックの用語法が一定していないことを示す実例である。前出の訳注(32)の冒頭を参照。「直観」は、ロックによれば、論証的推論のすべてのステップに不可欠のものである(E, IV, ii, 7)から、その限りにおいては、直観が論証とともに並べられたのは理解できる。

(123)ロックは、この段階で「著者の意見の真理性や蓋然性について知識を得る」と述べ、二段落前でも個別的命題の「蓋然性も知ることができる」と言っており、「蓋然性」を「知識」の構成要素として捉えているかのように見える。そうだとすれば、これは「知識」と「蓋然性」を峻別する『人間知性論』の立場（訳注（57）や（7）を参照）とは異なるものである。また、『人間知性論』の議論に従うならば、諸観念の「蓋然的な結合」の「知覚」ではなく、結合を真と見なして受け容れる「同意」が問題とされるべきだとも思われるかもしれない。しかし、ロックは、ここで「知識」を「蓋然性」を含むような仕方で緩やかに定義しなおしているのではない。そうではなく、ロックは、ある著者が、自分自身が知覚していないにもかかわらず、（例えば）他人の証言や観察に基づいたものとして、諸観念の結合を蓋然的なものとして著作の中で提示した場合を考えているのだろう。こういう場合には、読者がその（蓋然的）結合を知覚すれば、その結合についての（確実な）知識が成立するわけである。

（124）この箇所は、底本では'which have no other sort of Trial by Reason and Proof'となっているが、初版の正誤表で'no'は'an'に訂正されている。MS. Locke e. 1, p. 198 によれば、'an other sort of trial by reason and proof'に変えているため、「理性と証明以外のいかなる種類の審判も受けない」という意味になる。ここでは初版の正誤表とMS. Locke. e. 1に従って訳をつけた。

（125）「自分の主張はとても明白で、はっきり見える」の原文は、'what he asserts is very visible'である。ロックは、'visible'という語のもつ二つの意味、すなわち「可視的な」'capable of being seen'（OED, 'visible,' 1）と「明白な」'manifest, obvious'（*ibid.*,'visible,' 2）の両方を込めている。

(126) ユークリッド（Euclid, c. 300 B. C.;［ギ］エウクレイデス）は、プトレマイオス一世の治世にアレクサンドリアで活躍したギリシャ最大の数学者の一人。彼の主著『ストイケイア』（＝『原論』、英訳タイトルは *Elements*）は、一九世紀に至るまで、公理に基づく幾何学の体系を展開したテクストとして尊重され、論証数学のモデルとなった。

(127) アルキメデス（Archimedes, c. 287-212 B. C.）は、ユークリッドの幾何学を承継発展させたギリシャの重要な数学者であり、機械学者、発明家でもある。『球と円柱について』『浮体について』などの著作がある。「アルキメデスの原理」（流体中で静止している物体は、それが押しのけた流体に働く重力と等しい浮力を受ける、という浮力に関する基本法則）や梃子の原理の発見者として一般に知られているが、求積法における貢献も大きい。

(128) キケロは、ピタゴラス派の弟子たちが主張の根拠を問われた時、師ピタゴラスがそう言っているからだという答しか与えなかった事例に言及しつつ、権威によってではなく理性によって問題に対処すべきだと主張する。'De Natura Deorum' in *De Natura Deorum, Academica*, I, v, 10.

(129) これは、第一六節の見出しと同じである。

(130) 熱帯、亜熱帯地方に見られる乾性の草原。

(131) 底本では、'the Sence' と綴られ、全集版では 'the sense' と訂正されている。MS. Locke e. 1, p. 138 では、'the sense' となっている。

(132)「一般的公理」は 'general axioms' の訳である。E, IV, vii におけるスコラ主義批判では、ロックは、自明の「公準」(maxims)や「公理」(axioms)が知識を進歩させる道具ではない点を強調した。同様の指摘は、本書の第二八節でもなされる。ただし、一三節や二五節の叙述に見られるように、ロックは、十分な個別的諸事実から慎重に導き出された一般規則を有益なものと見なす。Bacon, 'Novum Organum,' I, Aphs. 20-26〔服部訳、二三四—二三五頁〕とも比較すべし。

(133)「探究の手がかり」(hints of Enquiry) とは、探究を進め、一般規則を形成してゆくための作業仮説のことだろう。

(134) 第一三節、最後の段落を参照。

(135) 第一三節、最後の段落で示されているように、一方に知識の素材としての個別的諸事実をそのまま積み上げる態度があり、他方には、あらゆる個別的事実を一般規則に変えてしまう性急な態度がある。

(136)「予断」は 'Anticipation' の訳である。ベーコンも、『ノヴム・オルガヌム』序言、最後から二番目の段落で「精神の予断」(Anticipatio Mentis) に触れ、これを「自然の解明」(Interpretatio Naturae) と区別する。ベーコンは「自然の予断」についても語っている。*Collected Works*, vol. I, p. 154; I, Aphs. 26-30〔服部訳、二三〇、二三五頁〕。

(137)「対象に」の箇所は、底本では 'on the Objects'、全集版では 'in the objects' となっている。

(138)「クジを引く」は、底本では 'draw Cutts'、全集版では 'draw cuts' となっている。もともと木の枝や藁を集めて、引いたものの長さを基準にして物事を決めたことから、こう呼ばれるようになったようである。OED, 'cut' (n. 1) の説明を参照。

(139) 第四節の見出し「練習と習慣」と類似しているが、内容的にも連続している。

(140) ここでロックは、ラテン語の一文 'Quid valeant humeri, quid ferre recusent' を引用している。この文は、ホラーティウスに由来する。ホラーティウスは『詩作の技術について』で述べている。「ものを書くあなた方、自分の強さと釣り合いのとれた素材を取りあげて、自分の肩が何を運ぶのには耐えられず何に耐えられるか ['quid ferre recusent, quid valeant umeri']、時間をかけてよく考えなさい」。Horatius, *Ars Poetica*, ll. 38-40; *Horace: Satires, Epistles and Ars Poetica*, with an English translation by H. Rushton Fairclough (Cambridge, Mass.: Harvard University Press/London: William Heinemann, 197), pp. 452, 453 を参照。

(141) この段落でロックはスコラ主義を揶揄している。ベーコンに言及して論理学の「規則」に触れた第一節、人間の心の能力の発達にとっては規則よりも「練習と習慣」こそが重要であることを説いた第四節と比較すべきである。ロックは、続く二九節と三一節において、スコラ主義における言葉の濫用と不毛な区別立てを痛烈に批判する。

(142) E, III, x (「言葉の濫用について」の章) を指す。

(143) 例えば、E, II, xxi, 6 において、ロックは「意志」や「知性」を「魂における実在的存在者」と考えてはならないと強調する。E, II, xxi, 16-20 でのスコラ主義における力の実体化や主体化への批判も参照。

(144) E, III, x, 2 & 31; I, ii, 23 を参照。

（145）「実体的形相」は'substantial forms'の、「心的形象」は'intentional species'の訳である。近代の哲学者は、スコラ主義の哲学者たちの不明瞭な説明や言葉の濫用を嘲笑する際に、この種の用語をよく槍玉に挙げる。ロックは、E, II, xxiii, 3; III, vi, 10 & 24; III, viii, 2; III, x, 14で「実体的形相」に触れ、E, III, x, 14では「心的形象」に言及する。ホッブズもまた、『リヴァイアサン』第四部、第四六章、一一五―一一六段落［水田洋訳（四）、岩波書店、一一四―一一五頁］において、「実体的形相」が誤った形而上学の産物であると語り、スコラ主義の神学者ブラムホールとの自由意志論争で「心的形象」に言及している（'The Questions concerning Liberty, Necessity, and Chance,' *The English Works of Thomas Hobbes*, ed. Sir William Molesworth [repr. Aalen: Scientia Verlag, 1966; London: John Bohn, 1841], vol. V, pp. 257, 266)。ロックやホッブズは、これらの言葉が明確な意味をもたないと考えているため、彼らの著作だけからその意味が何であったかを理解することは困難である。例えば、ロックのE, III, x, 14から理解できるのは、スコラ主義者が「実体的形相」や「心的形象」という言葉を用いた際、それらを誤って実在する事物だと信じ込んでしまったという程度のことでしかない。

このような用語は、様々なスコラ哲学者によって異なった仕方で用いられたようであるが、通常、「実体的形相」は、「無規定な質料を規定して、実体を構成する本質的形相」である（大槻訳『人間知性論』（二）、四〇八頁、訳者注（八））とか、「質料を言わば活性化して、何らかの特定の種類の実体を明確に顕現させるような隠れた原理」のことである（TF, 126）などと説明される。他方、「心的形象」は、「認識で心と対象の中間にある表象的媒体」であると言われる（大槻訳（三）、三五四頁、訳者注（三七）、ただし大槻は'intentional species'を「志向的種」と訳している）。「心的形象」や、スコラ哲学における心的形象の分類──「可知的形象」や「可感的形象」など──に関しては、近代の観念の理論と中世の形象の理論を同時に批判したトマス・リードが、かなり詳しい説明を与えている。リードによれば、スコラ哲学者は、人間の知識の能力が働くためには、外的実在を表象するものとして、「心とも、また思考の外的対象とも異なった」第三の媒体を両者の中間に設定することが必要だと考え、形や類似物や幻影という意味の'species'という語でそれを表わし、さらに、この表象関係の相対性や偶然性を言い表わすのに'intentional'という形容詞を使ったという。*Thomas Reid: Philosophical Works* I/II (Hildesheim: Georg Olms Verlag, 1983; a reprint of the 1895 ed.), p. 952. 'Intentional'は、もともと'intentio animi'（精神の集中）に由来するが、'intentio'という言葉自体が中世哲学では「精神や観念に関わる」といったかなり幅広い意味をもったようであるから、「志向的」とせずに「心的」と訳した。OED, 'intentional' (a. 3) も、スコラ的用法として、「心の作用に関連する、心的な、心の中に、あるいは心のために存在している」という定義を挙げ、カドワースやジョン・ノリスらの用例を示している。なお、'species'という語は、大槻訳や水田訳『リヴァイアサン』で「種」と訳されることがあるが、これは「形象」（あるいは「形」「姿」「相」「見え」「類似物」など）と訳されるべきだろう。ホッブズは、『リヴァイアサン』第一部第一章の最後で、'a *visible species*'（可視的形象）という表現は、英語らしく言えば、'a *visible shew, apparition*, or *aspect*, or *a being seen*'であると述べている。ホッブズによれば、スコラ主義者は、〈物が見える〉ことの原因を説明しようとして、〈可視的な形象が、見る人に送られる〉と言うだけで、これは何も説明していないのと同じである。

リードの説明やホッブズやロックの論評が、中世スコラ哲学における形象の理論を正確に把握したものであるかどうかは全く別の問題であるから、ここでは問わないでおく。中世の形象理論と近代の観念理論の関係については、稲垣良典『抽象と直観——中世後期認識理論の研究——』(創文社、一九九〇年)、特にその第五章を参照のこと。

(146)「補完する」は、'etch out' の訳である。OED, 'etch' (v. 4) によると、'etch out' は 'eke out' (補足する、補完する) と同じ意味で用いられる。

(147)「何であるか知らない」('I know not what') は、ロックが『人間知性論』で「純粋実体一般」の観念を粉砕し、そこに隠された無知を暴いた時に用いた巧みな表現である。「自分がもっている**純粋実体一般の思念**について、自分自身を検討しようとすれば、ただ次の観念を見出すだけである。つまり、私たちの中に単純観念を生みだすことのできる諸性質を支える何か、何であるか知らない何かがある、という想定がそれである。……インド人は、世界が大きな象によって支えられていると言ったが、その象は何の上に立っているかと尋ねられた。そこでインド人は、大きな亀の上に立っていると答えた。しかし、この大きな甲羅をした亀を何が支えるのかを知りたいとせがまれ、何かだ、何であるか知らない何かだ (something, he knew not what)、と答えた。こうして、明晰判明な観念をもたずに言葉を使う他のいかなる場合とも同様に、この場合にも子供のように語ってしまうことになる。……しかし、子供であれ大人であれ、何かだ、とこのように言ってしまう時には、本当は、何であるか知らない何かを意味しているにすぎない。自分が知っていると称し、語っている当の事柄について、彼らは全く明晰な観念をもたず、したがって、完全に無知であり蒙昧であることを示しているにすぎない」(E, II, xxiii, 2)。

(148) この段落の「概念」という語は、'conceptions' の訳である。

(149)「単純観念」(simple Ideas) については、E, II, ii; II, iii-vii; II, i, 25を参照。「単純観念は私たちのあらゆる知識の素材であるが、先に述べた二つの道、すなわち感覚と内省によってのみ、心に提示され備えつけられる。いったん知性がこれらの単純観念を蓄えると、知性は、ほとんど限りなく多様な仕方でそれらを反復し、比較し、合一する力をもつ。そうして、好きなように新しい複合観念を作ることができるのである」(E, II, ii, 2)。

(150) 見出しは、'Wandring'(底本)、'Wandering'(全集版)、'Wandering'(MS. Locke e. 1, p. 152) となっている。文字通りには、「さまようこと」「彷徨」の意味である。

(151) 第九節の冒頭を指しているものと思われる。観念の流動については、さらに四一節と四五節で詳しく論じられる。

(152) ここで前提とされている自由概念については、訳注(215)を参照。

(153) STCE, secs. 123-127で、ロックは、子供が勉強や仕事に関心を示さず不真面目にのらりくらりと時間をすごす場合を取りあげ、それにいかに対処すべきかを論じている。

(154)「区別」は 'distinction' の訳であり、「区分」は 'division' の訳である。

「区別」の辞書的意味としては、OED, 'distinguish'（4. b）の「特に、スコラ的用法において、（語や言明の）様々な意味の間に区別を立てる」という定義が参考になる。要するに、「区別」とは、多義的な語や文がもつ様々な意味を確定することである。例えば「人間」という語のもつ様々な意味を「理性的」「二本足で歩行する」などと確定することである。言い換えれば、「人間」という概念の内包を明示することである。他方、「区分」については、OED, 'division'（6. Logic, etc. a）の「種や集合に分類する行為」「ある類を種に分け入れること」や、（6. b）の「全体をなす諸部分を列挙すること」といった定義が参考になる。これは概念の外延を定めることであり、同じ類にどのような異なる種が属するかを確定することである。例えば、白人、黒人、黄色人などと列挙すれば、「人間」を「区分」することになる。

ロックは、「区別」と「区分」の以上のような違いを一応踏まえているようであるが、その上で、あえて「区分」が事物の自然的差異に根ざしているのに対して、「区別」は人為的であると考える。それゆえ彼は、事物の自然的差異を「知覚」することによって「区分」を明示することができると主張し、他方で「区別」のことを、事物の間に自然的差異がいまだに見られないにもかかわらず、私たちが立てる「区分」に相当すると述べる。訳注（156）も参照。

ロックの時代に使われていた論理学の教科書、Robert Sanderson, *Logicae Artis Compendium*, Pt. I, chap. 18には、「区分は、より幅広いものから、より限定されたものを導出することである。それが**名前**についてであれば**区別**と呼ばれ、**事物**についてであれば、**区分**と呼ばれるのがはるかに適切である。」（'*Divisio* est latioris in angustiora deductio. Quae si sit *nominis*, *distinctio, si rei, Divisio* magis proprie appellatur.'）と書かれている。サンダーソンからの引用、および「区分」と「区別」の違いの説明については、TF, 127-128を参照。ロックは、右のサンダーソンの著作の一六一五年版を所有していた（L&H, no. 2548a）。また、ロックは晩年の『第四寛容書簡』で、知識と信念の彼の「区分」（division）に対して、プロウストが特別な確信という別の「区別」（distinction）を立てて無内容な論難をしている、と批判する（WK, VI, 559）。

（155）「後者は……前者は……」は、'the one ..... the other' の訳である。ここでは「前者は……後者は……」の意味ではなく、その逆であり 'the one' が後者を指す。ラテン語の 'hic ..... ille .....' や英語の 'this ..... that .....' に影響された用法である。OED, 'one'（pron.）（18. b）。

（156）底本の文章は、'the one being the perception of a difference that Nature has plac'd in things; the other our making a Division where there is yet none' であり、MS. Locke e. 1, p. 154b に従っている。ただし、MS. Locke e. 1 でロックは、最初に 'where nature has made none' と書き、それを線で消し、すぐ上に 'where there is yet none' と訂正している。これは、最初にロックが、「区別」を自然に基づかない人為的なものとして考えたことを示す。

（157）ここからロックは、「区分」を立てすぎることの不適切さを説く。すぐ先で、「区分」が「区別」と違って知識にとって必要かつ有益であることを述べたが、「区分」の仕方を注意せよ、という留保条件をつけているのである。

（158）ここでは「区別」の立て方が問題にされる。この箇所、および前の訳注（157）をつけた箇所から分かるように、ロックは「区分」と「区別」の違いといった本節冒頭での論点を追求せずに、むしろ「区分」や「区別」のしすぎや、それらの適切な立て方をここで問題にする。このために、ロックが最初に打ち出した論点は不明瞭なものになってしまっている。「区分」と「区別」の違いという問題と、両者に共通の問題とを分けて考察すべきだったと思われる。参照、TF, 129.

(159) この箇所は、底本では'as it will bare'となっており、MS. Locke e. 1, p. 156 に従っている。全集版で'bare'という語は'bear'に訂正されている。

(160) つまり、スコラ的な「区別」は不必要となるが、事物の自然的差異に根ざす「区分」を「知覚」することは、依然として必要であるということ。

(161) 「**論戦する**」は、'*fend* and *prove*'を訳したものである。全集版は、この箇所をイタリックにしていない。OED は、'fend and prove'の意味を'argue, wrangle'('Fend' v. 2)「論争する、口論する」と記し、一五七五年の用例を最初のものとして挙げ、続けてロックのここでの文章も引用している。これはフェンシング用語のようである(G&T, 208, n. 33)。

(162) 底本では、「ついている」(with) となっており、MS. Locke e. 1, p. 158 に従っている。全集版では「ついていない」(without) と訂正されている。G&T, 208 や TF, 70 は底本に従っている。底本と MS. Locke e. 1 に従って訳した。

(163) 訳注 (158) で指摘した曖昧さは、ここで解消される。ロックは、「区別」を好き勝手に立てることと、事物の本性が要求する以上に (つまり、本来の意味での「区分」が成立しない程度まで）「区分」しようとすることを批判しているのである。

(164) ここから先では、非難されるべきスコラ的な「区別」立てではなく、「区別すること」(distinguishing) の本来の意義が考察される。

(165) Bacon, 'Novum Organum,' I, Aph. 55［服部訳、二四二頁］を参照――「ある精神は事物の差異を認めることに一層すぐれ、また、ある精神は事物の類似を認めることに一層向いている。……しかし、両方の精神とも、一方は事物の微妙なニュアンスをも、他方は影をもとらえようとして、極端に走りがちである」。

(166) 見出しには 'Similies' という語（'simily' の複数形、単数形は 'simile' とも綴る）が用いられている。この語は、修辞法の一つを指すものとして「直喩」や「明喩」と訳され、しばしば 'metaphor'（「隠喩」または「暗喩」）やその他の比喩と対比される。しかし、ここでロックは、修辞法としての直喩や比喩一般を問題にしているわけではなく、「喩え」を用いることの効用と限界を真理探究との関連で論じている。したがって、見出しも「喩え」と訳した。

(167) 「その近親」とは、第三一節最後の段落で触れられた事柄、つまり「少しでも類似が見られる事物を一緒くたにしてしまう傾向」の「近親」のことである。「喩え」(similies) がこれの「少なくとも名目上の」近親者であると言われるのはなぜだろうか。おそらく、'simily' や 'simile' がラテン語の形容詞 'simile'（「似ている」）に由来しているので、実質的にはどうであれ少なくとも言葉の上では、'similies' は類似した物を持ち出すことになっている、ということをロックは言いたいのだろう。

(168)「同意」(assent) は、次のように定義される。「何らかの命題が真であるという確実な知識によらずに、その命題を真なるものとして受け容れさせるだけの説得力をもつことが判明する議論や証明に基づいて、それを真なるものと認めること、あるいは受け容れること」(E, IV, xv, 3) である。より簡潔には、「それに同意する」とは、「それを真なるものと見なして受け容れる」('receives it for true': IV, xv, 1) である。訳注 (7) で触れたように、「同意」することは「判断力」の働きである。『人間知性論』の二つの章、E, IV, xvi「同意の程度について」とE, IV, xx「間違った同意、つまり誤謬について」は、同意を詳しく考察した章である。同意 (assent) 概念の哲学史上の先駆的使用の一つを知るためには、Cicero, *Academica*, I, 45; II, 37ff; II, 67f. を参照。ロックのキケロからの引用につけた訳注 (1) も参照。なお、『統治二論』に登場する 'consent' も「同意」と訳されるが、これは 'assent' とは異なり、各人の権利の他者への譲渡を正当化する装置である。'Consent' は、個人が他人や社会に権利を譲り渡す際に与える「承認」や「許可」であり、例えば、財産所有権を他人に譲渡したり、刑罰権を社会に譲渡する際には、本人の 'consent' がその譲渡を正当化する。

(169) ここで独断論と懐疑主義が対比されている。ベーコンは、「同意」について論じた箇所で、アリストテレスやその後継者を「断定的で独裁的」であり「何もかも確実で決定されたかのように解決する」とし、他方で、その対極に、ピュロン派懐疑主義や (一定の留保条件をつけて) 新アカデメア派の懐疑主義を位置づける。Bacon, 'Novum Organum', I, Aph. 67 [服部訳、二五一頁]。

(170) これは、第一一節と同じ見出しである。
(171) 第一一節と第一二節を参照。
(172) ロックは、『寛容についての書簡』で、誰にとっても自分の意見が「正統」(orthodox)であり、どの教会にとっても自分の教会の意見が「正統」であると指摘する。「幾人かの人たちが、場所と名称の古さや礼拝の華麗さを自慢し、また別の人たちが宗規の改革を自慢し、あらゆる人が自分の信仰の正統性を自慢したとしても(というのも、各人が自分自身にとっては正統ですから)、このようなことはキリストの教会の印というよりも、むしろ権力と支配を求める人々の印です」(TOL, 58, 59, 三;ポプル英訳、WK, VI, 5; 生松敬三訳、『ロック・ヒューム』中公バックス世界の名著、三二巻所収、三五〇頁)。またロックは、教会についても、「どの教会も、それ自身にとっては正統なのであって、他の教会にとってみれば誤っているか異端なのです。なぜなら、どんな教会も自分が信じていることは真実であると信じていますし、それに反することを誤りだと宣告するからです」(TOL, 80, 82; 81, 83; 二七;ポプル英訳、WK, VI, 18; 生松訳、三六二頁)と述べている。
(173) ロックによる無知の肯定は、ソクラテスによる無知の自覚に通じるものがある(参照、TF, 130)。ロックは、ソクラテスのように、自分の無知を自覚しているから自分は賢いとは言わないが、やはり両者はともに、知っていることと知らないこととの間に境界線を引き、その区分を自覚することの重要性を説く。『人間知性論』の表紙に印刷された『旧約聖書』およびキケロからの次の二つの引用文を参照。「あなたは、霊の道が何であるかを知らず、身ごもった女の胎の中で、骨が実際にどう育つかを知らない。ましてあなたは、すべてのことをされる神の技を知ってはいない」（伝導の書、一一章、五節）。そして、「無意味な饒舌を弄し、自分で不快になるよりも、知らないのを知らないと告白する方が、どれほど気持ちのよいことか」（キケロ『神々の本性について』第一巻［84］）。

(174) 第三四節に続き、同じ見出しである。

(175) 底本では、'for if a Man can be persuaded and fully assur'd of any thing for a Truth, without having examin'd what is there that he may not imbrace for Truth;' となっているが、全集版に従って、'examin'd' の後にコンマを入れ、最後のセミコロンを疑問符 '?' に代えて修辞疑問文として意味を解釈した。MS. Locke e. 1, p. 172 では、'examin'd' の後にコンマがはいっている。

(176) 底本では、この文章はピリオドで終わっているが、全集版に従いそれを '?' に代えて意味を解釈した。MS. Locke e. 1, p. 172 ではインクが滲んで判読できない。いずれにしても、修辞疑問文である。

(177) 底本では 'others Principles' であり、MS. Locke e. 1, p. 174 に従っている。全集版では 'other principles' となっている。ここでは底本と MS. Locke e. 1 に従う。先に登場する「他の人たちの意見」という表現に着目し、'others Principles' を 'others' Principles' として解釈する。

(178) 原文では、'Dogmatists, Methodists or Chymists' の三者が登場する。これらは医学の三つの流派である。'Dogmatists'「教理派」は病気を発生原因によって分類し、その分類から理性的に演繹された原理に基づいて治療を行ない、ヒッポクラテスの権威を自分たちの目的のために用いた（ヒッポクラテス自身は、医術の実践と教育において理性と経験を統合しようとした）。'Methodists'「方法派」は、紀元後一世紀頃のテミソンを創始者とする派で、病気は「緩やかさ」か「緊張」か両者の混合に由来し、それぞれの状態にふさわしい治療法があると考えた。最後に、'Chymists'「化学派」は、薬理学的観点からであれ、病気の性質に関する理論においてであれ、とにかく化学的解釈に依拠する人々のことであり、パラケルススの影響を受けたファン・ヘルモント（J. B. van Helmont, 1579-1644）、シルヴィウス（F. Sylvius, 1614-1672）、ウィリス（T. Willis, 1621-1675）らはこの学派に含まれる。OED, 'methodist', 1; TF, 130-131; YM, 95, n. 69ほかを参照。

(179) 底本本文では'stain'd'だが、正誤表で'strain'd'と訂正され、MS. Locke e. 1, p. 177に従ったものとなっている。全集版では'strained'である。

(180) 基礎をなす問いを探すことの重要性については、第四四節参照。

(181) フォルトゥナートゥス（「幸せ者」の意）は、幸運の女神から決して空っぽにならない財布をもらったという物語上の人物である。フォルトゥナートゥスの物語（*The History of Fortunatus*）は、中世ヨーロッパのロマンスに起源をもち、一六〇〇年にはトマス・デッカー（Thomas Dekker）がそれに基づいて喜劇を書いた。一七世紀末頃から一九世紀にかけて、この物語の一ヴァージョンは、呼び売り商人が販売した安価な小冊子本（chapbook）として流布した。イングランドにおいて大衆的人気を博した冒険恋愛物語であった。Humphrey Car-

penter & Mari Prichard, *The Oxford Companion to Children's Literature* (Oxford: OUP, 1984); Margaret Drabble (ed.), *The Oxford Companion to English Literature*, 5th ed.（Oxford: OUP, 1987）を参照。

(182) 知識生得説の批判は、『人間知性論』第一巻の主題である。

(183) 底本では 'Peice-meal'、MS. Locke e. 1, p. 180 では 'peice meale' となっているが、全集版では 'piecemeal' と訂正されている。

(184) 原文は、'Use legs and have legs.' である。一六世紀後半から使われた諺である。足や脳は使えばそれだけ能力を発達させ、使わなければ無きに等しいものになる、という意味。'Use limbs, and have limbs.' や 'Work legs, and win legs.' という言い方もある。ラテン語の諺 'Decrescit requie virtus, sed crescit agendo.'（「力は使わないと減じ、働かせば増す」）などに由来するとも言われる。

(185) ロックはラテン語の文 'Viresq; acquirit eundo.' を引用している。全集版では 'Viresq;' は 'Viresque' と綴られている。出典は、ウェルギリウス（Publius Vergilius Maro, 70-19 B. C.）の叙事詩『アエネーイス』（*Aeneis*）の四巻、一七五行目である。*Virgil*, vol. 1, with an English Translation by H. Rushton Fairclough, Loeb Classical Library (Cambridge, Mass.: Harvard University Press/London: William Heinemann, 1986), pp. 406 & 407.

(186) ロックはラテン語の文 'Dum putant se vincere vicêre' を引用している。出典は、リーウィウス（Titus Livius, 59 B. C.-A. D. 17）の『ローマ建国史』（*Ab Urbe Condita Libri*）、二巻、

六四章、六―七行である。*Livy*, vol I, Books I and II, with an English Translation by B. O. Foster, Loeb Classical Library (Cambridge, Mass.: Harvard University Press/London: William Heinemann, 1988), pp. 428 & 429.

(187) ロックは同じ段落のすぐ前でもこのことを述べているが、ここではおそらく、漸進的に学習することの重要性を説いた第二八節のことを指しているのだろう。

(188) 底本では、この「第四〇節」は「第三八節」となっているが、節の番号はすべて全集版に一致させる。前出の訳注（91）を参照。

(189) E, IV, xvi, 12で、ロックは、事物を感覚器官で捉えることができない場合の「蓋然性の重要な規則」として、「類推」（Analogy:「類比」とも訳される）を考察する。例えば、霊、天使、悪魔のような非物質的なものの存在や本性や働き、遠くの惑星の動植物や知的生命体の存在、自然現象を引き起こす原因の作用の仕方などは、人間の感覚で調べることはできないのであり、「それゆえ、私たちの心に確立された真理に一致する程度に応じて、また私たちの知識と観察の他の諸部分に対してもつ釣り合いに応じて、大なり小なり蓋然的であると見えるだけである」（E, xvi, 12; 大槻訳（四）二五九頁）。

中世哲学においては、例えば、アクィナスの注釈者として知られるカエタヌス枢機卿（Thomas Cajetan, 1468-1534）の『名前の類比と存在の概念』が知識論における類推の役割を論じ、類推のみに基づいて神についての言明を行なうことができるかどうかという問題を扱った。ロック以降の近代哲学において、類比ないし類推が重要な役割を果たすのは、バトラー

(Joseph Butler, 1692-1752) の『宗教の類比――自然宗教と啓示宗教の、自然の構造と過程への類比――』(一七三六年) や、ヒュームの『自然宗教に関する対話』(一七七九年) における「設計」による神の存在の証明の定式化とその証明に対する批判においてである。

(190) Bacon, 'Novum Organum,' II, Aph. 42 [服部訳、三七〇―三七二頁] では、類推への言及がなされ、それが慎重な判断を要することが述べられる。

(191) TF, 133 によれば、このロックの主張は有効ではない。ある結果が全面的に酸によって引き起こされることがわかっていれば、これはもはや類推ではなく、単なる帰納的推論の問題となるからである、という。TF によれば、一つの場合にある結果を生みだした原因が、別の場合にも同じ結果を生みだす原因であるかどうかが、不確実な仕方でしかわからない場合にのみ「類推」は成立するが、ロックは帰納的推論の種類について十分考察していないために、このような誤った見解を提示しているという。

(192) 原文の見出しは、単に 'Association' (「連合」) となっている。

(193) 「観念連合について」(*Of the Association of Ideas*) と題する章は、ロックが『人間知性論』第四版 (一七〇〇年) で、第二巻の最後に第三三章として付け加えたものである。ロックがその章で考察したのは、自然本性的な観念の結合ではなく、「まったく偶然や習慣から生じるような、もう一つの諸観念の結合」であり、「それ自体として全く同類ではない諸観念が、ある人たちの心の中で合一してしまったために、分離することがとても困難である」(E, II, xxxiii, 5) ような結合である。ロックによれば、この観念連合は、理にかなった諸観念の結合ではなく、むしろ「狂気」の一種と見なされるべきである（E, II, xxxiii, 1 & 4）。この観念連合という考え方は、ロック以降、ハチスン（Francis Hutcheson, 1694-1746）、ヒューム（David Hume, 1717-1776）、ハートリー（David Hartley, 1705-1757）、プリーストリー（Joseph Priestly, 1733-1804）、ジェームズ・ミル（James Mill, 1773-1836）らによって取りあげられ、美学、知識論、心理学など様々な領域で応用され、新たな意味づけがなされる。観念連合を詳しく考察し、特にその生理学的基礎を探究することによって後に連合心理学の創設者とされたハートリーは、このような観念の「連合」（Association）という見解を最初に提示した理論家としてロックの名前を挙げる（*Observations on Man*, 1749, part II, sec. II, p. 65）。ロック以前にホッブズが観念連合という見解を打ち出していたと時々言われるが、実際には、『リヴァイアサン』第一部第三章「像の継起ないし連続について」でホッブズが行なっているのは、思考の継起についての一般的かつ萌芽的な考察であって、ホッブズは、分離することの困難な諸観念の連合に注目したわけではない。

(194) 底本では 'the Remedies, ought to be applied to it' となっているが、全集版ではコンマが関係代名詞で置き換えられ、'the remedies that ought to be applied to it' と訂正されている。MS. Locke e. 1, p. 208 でも 'the remedies ought to be applied to it' となっているが、意味が通じるためには、全集版の訂正を採用すべきである。

(195) 底本本文では 'the Cures' だが、正誤表で 'the Cure' と訂正されている。全集版では 'the cure' である。

(196) ここで前提とされている自由概念については、訳注(215)を参照。

(197) 底本では'when as'となっているが、全集版ではこれを'whereas'と訂正している。MS. Locke e. 1, p. 212 は判読しがたいが、構文から判断して全集版の訂正を受け容れる。

(198)「原理を身につけさせる」は'principling'の訳である。「教える」「訓練する」などとも言えようが、第六節や第一二節(最後から二段落目)のロックの叙述を参考にして、原理または原則を身につけさせることという意味を明確に打ち出した。

(199) E, II, ix, 8 の冒頭で、ロックは次のように述べる。「知覚に関しては、**私たちが感覚によって受け取る諸観念が、気がつかないうちに、成人において、しばしば判断によって変更される**ことを次に考察すべきである」。ロックによれば、成人は、目の前に金色の球が置かれると、厳密には様々な陰影をもった平らな円を知覚しているにもかかわらず、即座に判断して、その知覚を一様な金色の球の知覚に変えてしまう。この即座の判断は、慣習に基づくものとされる。成人は、立体がどのように見えるか、また光が様々に反射する条件のもとで色がどう見えるかを、すでに「習性化した慣習によって」知覚しているがゆえに、このように判断によって感覚から得た観念を変更するのである。『人間知性論』第二版以降のこの節では、ロックはこの記述に加えて、いわゆる「モリニュー問題」(生まれつき盲目であり、触覚によって球と立方体を識別していた人が、成人して開眼手術を受けた場合、視覚のみによって球と立方体を識別することができるかという問題)に触れる。

(200) 底本では'uncapable of Conviction'であり、MS. Locke e. 1, p. 214 に従っている。全集版で

は、'incapable of conviction' となっている。

(201) 底本の見出しは、'Fallacies' である。その原義は、「欺き」であり「トリック」である。ここでは「欺くような、または誤解を招くような議論」を意味し、'a sophism'「詭弁」と同義である。OED, 'fallacy' (3. a; 1)。

(202) 底本では 'sower' であるが、全集版では 'sour' と訂正されている。

(203) アイザック・ニュートン (Isaac Newton, 1642-1727) は、主著『プリンキピア』(＝『自然哲学の数学的原理』*Philosophiae Naturalis Principia Mathematica*, 1687) において、運動の三法則と万有引力という概念から、太陽系全体の力学的諸現象(惑星と彗星の運動から潮汐現象を経て地上の物体の運動に至るまでの現象)を数学的手法で解明した。ロックが「あらゆる物体は相互に引きつけあう」という形で簡潔に述べているのが、万有引力の法則である。この法則は、二物体間には、常にそれらの質量の積に比例し、距離の二乗に反比例する引力が働く、という形で述べられることが多い。ニュートンの記述のスタイルはユークリッドの『原論』の公理的形式にならったものだが、数学的論述の背景には、世界を粒子の集合として表現しようとする粒子論的自然哲学や、超越的な神によって統制された宇宙の構成を示そうとする神学的動機があったと言われる。

ロックは一六八九年一月(ユリウス暦)にニュートンと出会ってから交友関係を保ち、ニュートンに造幣局の職を紹介したり、聖書解釈に関して意見の交換を行なったりした。ロックの草稿の中には、ロックによる『プリンキピア』の内容の簡単な要約 (MS. Locke c. 31, fol.

99）や惑星の楕円運動に関するニュートンによる論証の写し（MS. Locke c. 31, f. 101）もある。一六九八年以降ロックはオーツのマシャム夫人の邸宅で、その息子フランク・マシャムの教育のために自然哲学の教科書の草稿を書いたと言われることがあるが、その草稿――「自然哲学の基礎」（'Elements of Natural Philosophy'）と呼ばれる――の最初の四つの章で、彼は、物質と運動、宇宙、太陽系、惑星としての地球に関わるニュートン的諸原理を要約している。この「自然哲学の基礎」は、一七二〇年に選集で初めて刊行され、WK, III, 303-330に収められている。

興味深いことに、ロックの「自然哲学の基礎」の最初の四章は、ニュートン自身が少年フランクのために書いた別の草稿に基づいているという推測がかつて出された。ジェイムズ・アクステルは、ロックがマシャム邸を訪ねたニュートンに少年フランクの教育のための原稿を依頼し、それを受け取った後でさらに手を加えたと推測している。James L. Axtell, 'Locke, Newton, and the Elements of Natural Philosophy', *Paedagogica Europaea*, I (1965), pp. 235-245を参照。ところが近年になって、ジョン・ロックの草稿研究で多大な貢献をしてきたジョン・ミルトンが関連資料を入念に調査したうえで、アクステルの推測は根拠薄弱であると批判した。J. R. Milton, 'Locke and the Elements of Natural Philosophy: Some Problems of Attribution', *Intellectual History Review*, vol. 22, issue 2 (2012), pp. 199-219. ミルトン論文以降の段階では、「自然哲学の基礎」の執筆者と執筆経緯についてのより詳細な実証的研究が、コンピュータによる文体分析の手法も駆使しながら新たに進行しつつある。

なお、ロックはニュートンの『プリンキピア』を十分に理解できなかったのではないかといった憶測が出されることがあるが、実はロックは、ジャン・ルクレール（Jean Le Clerc, 1657-1736）編の『万国歴史文献』*Bibliothèque Universelle et Historique* の一六八八年三月号誌上で、ヨーロッパ大陸の読書向けに『プリンキピア』の書評をフランス語で書き、ニュートンの見解の大陸での普及に手を貸している。James L. Axtell, 'Locke's Review of the *Principia*', *Notes and Records of the Royal Society of London*, XX, 2 (December, 1965), pp. 152-161 を参照。

（204）『人間知性論』で、ロックはニュートンを「比類なきニュートン氏」（the incomparable Mr. Newton）と呼び（E, p. 9）、彼がいかにして命題を論証し数学的知識を進歩させたかについて触れる（IV, vii, 11; IV, i, 9)。ロックによれば、ニュートンは、「自然のある部分に適用された数学は、事実に関する事柄が正当化する諸原理に基づいて、どこまで私たちを導きうるか、そうして不可解な宇宙のどこか特定の地域についての知識とでも呼べるものを、どこまで与えうるか」を示した（STCE, sec. 194）のである。ただし、現代の読者が注意すべき点は、ロックによれば、「自然哲学」（Natural Philosophy）は、「諸霊」（Spirits）の本性や性質を扱う部門と「物体」（Bodies）のそれを扱う部門から成り立っており（STCE, sec. 190）、さらに、前者なしでは「いかなる偉大な自然現象も解決することもできない」（STCE, sec. 192）ということである。例えば、「どこにでもあるあの重力（Gravity）は、いかなる物質の自然的作用や他のいかなる運動法則によっても説明できず、それを命じる上位存在者の明示的な意志によってのみ説明できる」（STCE, sec. 192）のである。この点では、ロックもニュートンと同様に、

「重力」を物質にとって本性的、本質的なものとは捉えず、神の意志によって物質に付加されるものと見なしていた（STCE, p. 246, n. 92）と言えよう。

（205）「自分を愛するようにあなたの隣人を愛しなさい」（マタイによる福音書、二二章三九節、マタイ一九・一九、ヨハネ一三・三四、レビ記一九・一八なども参照）。「マタイによる福音書」によれば、この掟は、「心をつくし、精神をつくし、思いをつくして、主なるあなたの神を愛しなさい」とともに、「律法全体と預言者」を支える最も根本的な掟である。それは、「何ごとでも人々からしてほしいと望むことは、人々にもそのとおりにせよ」（マタイによる福音書、七章一二節、ルカ六・三一）という形でも述べられる。どちらの形で述べられるにせよ、これは黄金律として知られる根本規則である。

（206）ロックは、黄金律が「もっとも堅固な道徳規則であり、かつ社会的徳の基礎」（E, I, iii, 4）であると言う。『キリスト教の合理性』では、彼はキリストが伝えた個別的な戒めをすべて要約した「一般的な黄金律」（WK, VII, 116）を、「マタイによる福音書」七章一二節から引用する。『聖パウロ書簡の釈義と注解』における「ローマ人への手紙」一三章九節の解釈では、「隣人を自分のように愛すべし」は、「社会的義務に関するすべての命令」の要約として位置づけられる（前掲訳注（62）の Wainwright, *op. cit.*, vol. 2, p. 590）。以上から明らかなように、黄金律は、社会道徳や人間相互の義務を支える根本規則である。

ロックは、『統治二論』で、自然状態における人間の「平等」や「相互性」に触れ（TT, II, 4）、フッカーに言及しつつ「正義と慈愛の偉大な原則」を説明する（II, 5）。さらに彼は、全人類を拘束する自然法の第一条に相当する基本規則を、「誰も、他人の生命、健康、自由、財産を傷つけてはならない」(II, 6) という形で述べる。この基本規則は、黄金律の「愛さなくてはならない」という部分を、「傷つけてはならない」という最小限の要請によって置き換えたものとして解釈できよう。つまり、隣人が自分にしてはならないように、誰でも、自分の隣人の生命やその生命の保全に役立つ手段を「傷つけてはならない」という意味に解釈できるのである。黄金律とロックの関係を詳しく考察したものとしては、Merwyn S. Johnson, *Locke on Freedom* (Austin, Texas: Best Printing Co., 1978), chap. 3を参照。なお、カントの有名な定言命法第一式――「君は、自分の格律が普遍的な法［則］となることを、当の格律によって同時に欲しうるような格律に従ってのみ行為せよ」(篠田英雄訳『道徳形而上学原論』岩波文庫、八五頁)――は、個人とその隣人を普遍的に平等化した近代倫理学の世俗的黄金律である。

(207) 原文の見出しは、'Bottoming'「基礎づけ」となっているが、内容を的確に示すために訳し変えた。

(208) 前出、訳注(60)を参照。ロックは、スティリングフリートへの応答においても、スコラ主義のトピカ的議論を批判している(WK, IV, 385, 427)。

(209) 原語は'the Grand Seignior'であり、これはもともと'the Sultan of Turkey'(トルコ皇帝)を意味する(OED, 'grand signior', 1)。しかし、ここでロックはトルコの皇帝の称号を用いながら、絶対君主一般について語っている。TT, II, 91で、ロックは次のように指摘している。絶対君主が「たとえツァー(Czar)とか、皇帝(Grand Seignior)とか、ほかに好きな、どのような称号をもっていようが」、やはり絶対君主である以上、被治者との関係においては、彼は、法や共通の裁判官を欠いた自然状態にいることになる。

(210) 原文の見出しは 'Transferring of Thoughts' であり、「思考を移転させること」を意味する。この節でロックは、各人が、自分で思考の向かう先を決定し、思考をそこへ移転させる可能性を論じている。その内容を明示するために、「思考の方向づけ」と訳した。YM, 111 も参照。これは、自分の意志に従って、思考を方向づける能力という意味での「思考の自由」の問題と関わる。ちょうど、所有者の意志に基づく財産の「移転」が、財産所有者の「自由」の問題であるのと同じである。ロック自身はこの節で、この思考の自由を、意志に従って特定の身体的行為をしたりしなかったりする能力、つまり身体の自由と比較する。訳注(215)を参照。

(211) 第三節、六節、九節、一九節などを参照。

(212) 「民警団」は、'Posse' という語の訳である。'Posse' は、'Posse comitatus' の略語である。これは 'the force of the county' (OED) を意味し、日本語では「民警団」のほか「市民警察隊」とも訳される。通例、治安の維持、外敵侵入からの防衛、重罪犯人の追跡・逮捕のために、シェリフ(=州奉行、アングロサクソン時代に起源をもつ地方役人)が臨時に召集して、その指揮下に警備活動を補佐することを命じられた市民の集団をさす。元来は、一五歳以上の男性は、限られた例外を除き召集に応じる義務があった。イギリスでは一九世紀に警察の整備に伴い事実上消滅し、一九六七年に法的に正式に廃止された。以上、田中英夫編集代表『英米法辞典』(東京大学出版会、一九九一年)の 'posse comitatus' の項を参照。

(213)「動物精気」(animal Spirits)は、もともとアリストテレスの動物学的著作に由来し、ガレノス主義的な生理学では解剖学と結びついて発展した概念であるが、この概念は、近代初期においても、身体の運動や感覚的認識を生理学的に説明する際に用いられた。Spirits という名前が何らかの霊を連想させるかもしれないが、「動物精気」は人間や高等動物の体内にある流体もしくはガス状の物質である。デカルトは、『情念論』において、「あらゆる筋肉の運動、そしてあらゆる感覚は神経に依存しており、この神経は、脳からでている細い糸または管のようなものであって、脳そのものと同様に、「動物精気」(les esprits animaux)と呼ばれる極めて微細な空気ないし風をその中に入れている」と述べている(第一部、第七節)[野田又夫訳「情念論」『デカルト』中公バックス世界の名著、二七巻、四一六頁]。ロックは、「自然哲学の基礎」の第一〇章「動物」において、「動物精気」を次のように説明する。「血液の循環においては、そのかなりの部分が頭に上昇する。脳によってその血液から分離されたもの、あるいは作られたものが、動物精気である。この動物精気は、神経によって、身体のあらゆる部分に感覚と運動を分け与える」(WK, III, 322-323)。

ロックは、E, I, i, 2で「心の物性的考察」をしないと断わってはいるものの、『人間知性論』全体を通して一〇箇所で動物精気に言及している(E, II, i, 15; II, viii, 4, 12, 21; II, x, 5, 10; II, xxvii, 27; II, xxxiii, 6; IV, x, 19)。特にE, II, xxxiii, 6では、ロックは、観念連合の生理学的な原因として「動物精気の運動の系列」の習慣的定着化があるだろうと述べており、これは本書の第四五節に登場する一連の顔を見る経験と関連するものと思われる。ただし、これらの動物精気への言及は、一つの推測的仮説として出されたものとして理解されるべきだろう。STCE, secs. 115, 167も参照。

(214) ロックは、一つの情念を別の情念によって対抗ないし拮抗させる(Counter-balance)という見解を彼の著作で十分に展開していないが、E, II, xxi, 57, 65にその萌芽が見られる。E, II, xxi, 57では、「不安定感」(uneasiness: 落ちつきのなさ)」が、「欠乏や病気による身体的苦痛や、拷問のような外的危害」のような自分で制御できない原因から生じてくる場合には、これが意志にとても強く作用するため、本人は「遠くにある、将来の善の観想」によって、この不安定感に「拮抗」するほどの強い欲望を引き起こすことができないし、将来の真の幸福につながる行為を選択することはできない、とロックは述べる。一つの情念を別の情念で制するという見解は、一八世紀にヒュームやその他の思想家が大いに活用するものだが、すでにベーコンが『学問の進歩』二巻二二・六(前掲、訳注(10)の『世界の大思想 八巻 ベーコン』一五四—一五五頁)で示唆し、スピノザが『エチカ』第四部、定理七や定理一四(畠中尚志訳、岩波書店(下)の一九—二〇、二五頁)で力強く表明している。

(215) ロックがここで述べている思考の自由の概念は、E, II, xxi「力について」(*Of Power*)の章における「自由」の定義を適用したものである。「自由」は、典型的には、人間が「意志する」ところに従って、特定の行為をしたりしなかったりする「力」として定義される(E, II, xxi, 15, 27, 46, 56)。「意志する」の代わりに、「心が決定ないし思考した」(II, xxi, 8)とか「心が指示する」(II, xxi, 71)と言われることもある。自由の定義に登場する「行為」は、ロック自身が述べているように、身体的運動ばかりでなく精神的思考をも含む広い概念であるから、それは「心の選択に従って、心の思考を取りあげたり捨てたりする力」を含む（E, II, xxi, 12)。ロックは、本書の第四五節のみならず、他の箇所でもこのような「自由」概念を前提として議論を進めている。例えば、三〇節や四一節第二段落を参照。「知性の自由」は、本書を貫く大きなテーマである。三節、一二節、一九節、三〇節、三四節、三五節、四一節、四五節、および本書の「訳者解説」三・二を参照。

(216) 底本では'causlessly'だが、全集版では'carelessly'となっている。MS. Locke e. 1, p. 246 では、判読しづらいが'causlesly'と書いてあるように見える。TF と G&T は、'causelessly'を採用している。ただし、この箇所でロックは、何の原因もなしに観念が動き回る可能性を認めているのではなく、観念が、特定の明確な原因なしに、定まらぬ仕方で動き回ることを問題にしている。

(217)「それでもやはり……いいのです」の箇所は、底本では、'It were better indeed be without such impertinent and useless Repetitions.'という文章である。これは、MS. Locke e. 1, p. 246 の文章と同じである。全集版は、'indeed'と'be'の間に'to'を挿入している。底本や MS. Locke e. 1 の文章中の'were better'は'had better'の古い形（OED, 'better' (a.), 4. b）として解釈できよう。その場合、文頭の'It'は形式主語ではなく、「心」(the Mind) を指すことになる。TF や G&T も底本に従っている。

(218) ロックの草稿 MS. Locke e. 1 の末尾（p. 260）には、「慣習」（'Custome'）という見出しが

つけられた未完の一節がある。原文はいまだに公刊されたことがなく、構文にもかなりの乱れが見られるが、ここに訳しておく。

(219) ここで'nautious'という綴りの単語が登場する。この語は、OEDにも掲載されていない。しかし、文脈から判断すれば、ロックは'nauseous'(「吐き気を催すような」「味や臭いがとても不快な」)と書こうとしたのだろう。そう考えて訳をつけた。

(220) 「薬味」は、'Raguos'という語の訳としてあてた。この語もOEDには載っていない。おそらくロックは、フランス語の'ragoût'(古い意味では、「薬味」「ソース」)を念頭において、この語を使っているのだろう。この文章は、彼のフランスでの滞在経験に基づいて書かれたものと思われる。

(221) MS. Locke e. 1, p. 260の原文をそのままここに転写しておく。

'Custome

Custome haveing that influence upon our senses as to make that which at first was indifferent or perhaps even nautious to become in time pleasant and agreeable as we see in the Raguos, parfumes and Musick of several nations The palates of men are soe differently set by the diet and cookery they have been used to, that they eat that with delight and gusto which one not accustomed to can hardly bring him self to tast and would sooner fast than make a meale of. By the same dominion of Custome actions that were at first very hard and uneasy to us become'

ロックはここで、慣習の支配権が感官にまで及ぶという観察をしている。これは、内容的には、習慣づけや練習の意義を論じた第四節や二八節、あるいは観念連合を論じた第四一節などと関連しそうである。

訳者解説

一　はじめに

ここに訳出した「知性の正しい導き方」('Of the Conduct of the Understanding') は、ジョン・ロック (John Locke, 1632-1704) の晩年の作品である。ロックがその草稿を書き始めたのは一六九七年春であるが、彼はそれを完成させることなく、従弟のピーター・キングにその出版を託してこの世を去った。それが初めて公刊されたのは、一七〇六年の『ジョン・ロック氏遺稿集』(*Posthumous Works of Mr. John Locke* [London: printed by W. B. for A. and J. Churchill at the Black Swan in Pater-Noster-Row, 1706]) においてである。(1) この遺稿集には編者の名前が記されていないが、一七〇四年一〇月四日付のピーター・キングへの手紙の中で、ロックが「知性の正しい導き方」をその他の草稿とともに出版するように指示していたこと、また遺稿集の編者序文 ('Advertisement to the Reader') にその手紙の文言がそのまま引用されていることを考えると、編者はやはりピーター・キングであっただろうと推定される。(2)

その後一七四一年に、『知性の正しい導き方』は単行本として出版された。やがてこの作品は何度も版を重ね、ロックの著作の中でも特によく読まれる作品の一つとなった。一七四一年から一八〇〇年までに、少なくとも単行本の八つの版が出され、フランス語、オランダ語、ドイツ語、イタリア語の訳も登場した。この時期に『人間知性論』との合本も出版され、四つの版が出た。その後今日に至るまで、この作品は単行本として、あるいはフランシス・ベーコンの『エッセイ』またはロック自身の『人間知性論』や『教育に関する考察』との合本として、あるいは選集や全集の一部として三〇回以上も版を重ねてきた。スペイン語訳やポーランド語訳もある。[3]『知性の正しい導き方』は、ロックが最終的な修正を加えることなく出版された作品であるが、それにもかかわらず、それは従来からこのようによく読まれ高い評価を受けてきたのである。ところが、現在まで日本語訳が単行本として出版されたことは一度もない。数多くのロックの著作の邦訳がありながら、この作品の訳がないのは極めて残念なことである。そう考えて、私は今回邦訳を試みることにした。[4]

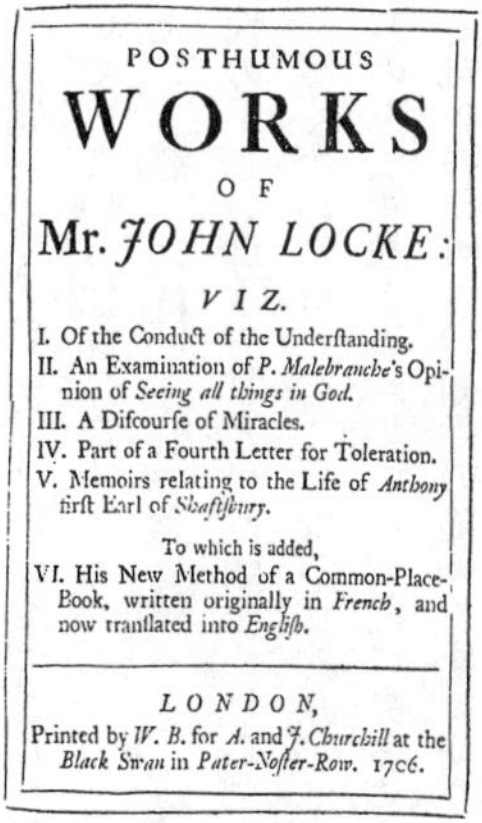
POSTHUMOUS
WORKS
OF
Mr. *JOHN LOCKE*:
VIZ.
I. Of the Conduct of the Underſtanding.
II. An Examination of *P. Malebranche*'s Opinion of *Seeing all things in God.*
III. A Diſcourſe of Miracles.
IV. Part of a Fourth Letter for Toleration.
V. Memoirs relating to the Life of *Anthony* firſt Earl of *Shaftſbury*.
To which is added,
VI. His New Method of a Common-Place-Book, written originally in *French*, and now tranſlated into *Engliſh*.

LONDON,
Printed by *W. B.* for *A.* and *J. Churchill* at the *Black Swan* in *Pater-Noſter-Row*. 1706.

『ジョン・ロック氏遺稿集』
（関西学院大学図書館所蔵）

原題'Of the Conduct of the Understanding'をそのまま訳せば、「知性を導くことについて」という意味になる。しかし、ロックは私たちが知性の誤った使い方を避け、知性を正しく導くにはどうしたらよいかを本文で一貫して論じている。この点を重視して、『知性の正しい導き方』という題をつけることにした。この作品の底には、人間の知性を正しく導くためにはどのような方法を用いるべきか、というベーコンやデカルト以来の近代特有の方法意識が流れている。後に見るように、医師でもあったロックは、この作品における自分の仕事を、知性の陥りやすい病を診断し、その治療のために処方箋を書くことに喩えている。実際、彼はそのような処方箋を書きながら、知性を正しく導く方法を具体的に論じているのである。しかし、このような処方箋に意義があるのは、そもそも人間の「知性」が、理論と実践の両面において極めて重要な役割を担っているからである。ロックによれば、人間が生まれながらにもっている「知性」という能力は、人間の行為を最終的に統制しうる唯一の手段であり、真理探究のための不可欠の手段である。人間がどのような生き方をするか、人間が真理の探究を行なうことができるかどうかは、結局のところ、知性をどのように用い管理してゆくかにかかっているのである。ロックは、知性のこの重要な役割を踏まえた上で、知性をどのような方法で導いてゆけば真理を探究することができるか、という問題をこの作品で考察する。ロックによれば、私たちは、様々な対象に関して、確実な「知識」を獲得したり蓋然的な「判断」を形成することによって「真理の探究」を行なう。それゆえ、彼の問題は、知性をどのような方法で導いてゆけば「知識」と「判断」を改善することができるか、という形で定式化することもできる。ロックはこの問題を様々な角度から考察するが、その際に彼は一貫して、真理の探究（知識と判断の改善）のためには、各人が、自分の「知性」を外部の権威や党派、あるいは内部の偏見や情念から独立させ、自分自身でその「知性」を導いてゆかねばならない、という立場をとる。各人の知性の「自主独立」を説くわけである。ロックにとって重要な「自由」の概念を用いてこれを表現するならば、真理探究のためには知性は「自由」でなくてはならない、と言うことができる。こうしてロックの『知性の正しい導き方』は、根底において各人の知性の自主独立を説きながら、どのような方法でこの知性を導けば真理を探究することができるかを考察する。

『知性の正しい導き方』という邦題の意味は、これでひとまず明らかになったことと思う。さらに詳しい説明は、後にこの作品の内容に即して行なうことにするが、ここで、なぜ「知性指導の方法」や「知性指導論」といった邦題を採用しなかったかということにも一言触れておきたい。従来の日本社会においては、「指導」という言葉は、文部科学省の学習「指導」要領や、行政「指導」という用例に見られるように、外部の権威や権力が誰か

（あるいは何か）を導くという意味で使われることが圧倒的に多かったようである。今でもこの言葉は、各人が主体的に自分の知的能力を導いて真理を探究する、という意味ではほとんど使われない。このような事情があるため、「指導」という言葉を邦題の中に入れると、ロックの自主独立の思想とかけ離れた思想や、それと対立する思想を示唆してしまうことになりかねない。そこで私はこの言葉を避け、『知性の正しい導き方』という邦題をつけることにしたのである。[5]

西洋近代の批判的知性のあり方に関心をもつ読者にとっては、これは必読の文献である。しかし、それだけではなく、この作品はロックの思想全般を理解するための一つの貴重な手引きでもある。かつてA・C・フレーザーは、この作品を「いくつかの点で、ロックのあらゆる著作の中で、もっともロックらしいもの[6]」と形容したことがある。確かに、これは「ロックらしい」作品である。ところが、実はこれですら、控え目な発言なのである。なぜなら、『知性の正しい導き方』は、ロックが生涯を通じて一貫して追究した基本思想、すなわち人間の自主独立という思想を、知性のあり方という観点から明確に表明した作品だからである。ロックは、他の著作で、政治、経済、宗教、教育の諸問題を論じ、人間の自主独立という価値を擁護する。この作品でも、彼は真理の探究のために知性をどう導けばよいかという問題を論じながら、人間の自主独立を説くのである。しかも、ここでは円

熟したロックが、学者や専門家向けにではなく一般人向けに、平易な言葉で彼の基本思想を語っているのである。(7)

二 『知性の正しい導き方』の歴史的背景

『知性の正しい導き方』を歴史的文脈の中に位置づけておこう。ロックがその草稿を書いた頃どのような問題関心をもっていたかを、当時の歴史的状況とあわせて簡単に見ておくことにしたい。ロックの思想や生涯全般に関しては数多くの解説書や研究書があるので、(8)そのような説明を繰り返す必要はないかもしれない。しかし、『知性の正しい導き方』で取り上げられる諸問題をよりよく理解するためには、ロックがその草稿を書いていた時期のみならず、その前後の時期もあわせて考察するのが望ましい。そこで、ロックがオランダでの亡命生活を終えてイングランドに帰国した一六八九年から、彼が没する一七〇四年までの期間に焦点をあわせ、その時期の彼の問題関心を確認することにしたい。

五年半ほどのオランダでの亡命生活を終えてロックがイングランドに帰国したのは、ジェームズ二世が王位を放棄してフランスへ逃亡してから約三ヶ月が経過した頃である。オレンジ公ウィリアムとメアリ妃が、イングランド・スコットランド・アイルランドおよびそれに属する諸領地の国王ならびに女王として共同即位し、名誉革命を終結させたのはユリウス暦の一六八八年二月一三日（グレゴリオ暦で一六八九年二月二三日、ユリウス暦では三月に改年する）であったが、実はその前日に、ロックはメアリと同じ船でイングランドに戻ってきたのである。この年は、イングランド政治史にとってのみならず、亡命期間を含め二〇年以上も思想的営為を続けてきたロックにとっても記念すべき年であった。ロックは、この年に初めて、自らの長年の思索の成果を著作として出版することができたからである。まず、一六八九年五月に『寛容についての書簡』のラテン語版がオランダのハウダで、一〇月にはその英訳がロンドンで出版された。一一月には『統治二論』が、名誉革命の諸原理を正当化する著作としてロンドンで出版され、一二月にはロックの主著『人間知性論』が出版されたのである（出版年は、二つの著作とも一六九〇年と記載された。著者名が記されたのは『人間知性論』のみであり、他の著作は匿名で出版された）。これらはロックの三大主要著作である。帰国後ロックは、ウィリアム三世から政府の要職に就任するようにとの要請も受けたが、それを断わり、主として自分自身の思索と著述のために時間を費やした。九〇年七月以降は、ロックは、健康上の理由で空気の悪いロンドンを離れ、エセックス州ハイレイバー教区、オーツのマシャム邸に居住した。このマシャム邸が、晩年のロックの思索と著述の場となった。やがてロックは思想家として注目され、高く評価されると同時に、激しい攻撃や批判も受けることになった。

それでは、一六九〇年から一七〇四年までの一四年間、ロックはどのような問題を考察したのだろうか。大きく分類するならば、ロックは五つの問題領域に関わった。「知性」「寛容」「教育」「キリスト教」「経済政策」の五つの領域において、彼はかねてからの思索を発展させ、その成果を発表した。第一は、「知性」という問題領域である。ロックは、『人間知性論』初版に修正を加え、改訂版に向けて幾つかの新しい章を書き加えた。後に詳しく見るが、「知性の正しい導き方」は、もともと『人間知性論』に追加されるべき一つの章として意図されたものである。本書の訳注で示した通り、『知性の正しい導き方』の内容は、『人間知性論』で論じられた幾つものトピックと関連している。『人間知性論』は、「人間の知識の起源と確実性と範囲を探究し、あわせて信念、意見、同意の根拠と程度を探究する」(E. I. i. 2) ことを目的としており、知性の行使によって得られる確実な知識や、信念や意見や同意した命題のように蓋然的判断を含むものについて、その起源や範囲や根拠を理論的に考察する。これに対して、『知性の正しい導き方』は、知識を獲得したり判断を形成してゆく際に、どのような方法で知性を用いるべきかを実践的に考察する。この時期にロックは、『人間知性論』に新しい章を追加しただけでなく、ウースター主教のスティリングフリートの批判に対して、三度にわたって応答を書いた(一六九七年と一六九九年に出版)。スティリングフリートは、ロックが『人間知性論』で提示した「実体」

観や「観念」説や「思考する物質」の可能性に関する見解が、正統派神学を脅かす懐疑主義的な危険思想であると考え、批判を行なったのである。ロックはまた、「神のうちに万物を見る」というマルブランシュの知覚説を検討し、その説が、人間の知性の働きを不明瞭な誤った仕方で説明するものでしかないと論じた（この草稿は、一七〇六年の遺稿集で公刊された）。

ロックが関わった第二の問題領域は、「寛容」である。すでにロックは、『寛容についての書簡』において、政治権力が宗教的な信念や礼拝から分離されるべきであるという主張を明確に打ち出していた。ところが、オックスフォードの聖職者ジョナス・プロウストはこれを批判し、その代わりに為政者は穏やかな刑罰を科すことで、各人に自分の宗教の根拠を「検討」する機会をつくりだすことができるという新説を展開した。ロックは、『第二寛容書簡』（一六九〇年）と『第三寛容書簡』（一六九二年）においてこの説を徹底的に検討し、刑罰の強制力を用いて改宗させるという不寛容の政策が、いかなる点においても誤っていることを明らかにした。短い未完の『第四寛容書簡』は、ロックの死後に出版された。第三の領域は「教育」である。『教育に関する若干の考察』（初版一六九三年、通称『教育に関する考察』）は、ロックがオランダ亡命中に友人のエドワード・クラークに宛てた書簡に基づくもので、その点ではこの作品は彼の帰国後の思索の成果ではない。しかし、その初版は一六九三年に刊行され、内容的に『知性の正しい導き方』と関連をもっている。それは、紳士の子弟の教育に焦点をあてたものではあるが、それだけにとどまらず、自主独立の人間を育てるための一般的な教育論としての側面ももっている。本書の訳注にも示したが、ロックの教育論は、欲求や傾向性の理性的統制を重視し、同時に練習や習慣づけの意義を強調する。第四の領域は、「キリスト教」の教理に関わる。ロックは、『聖書に示されたキリスト教の合理性』（初版一六九五年、『キリスト教の合理性』という邦題で知られるこの作品は、服部知文訳『キリスト教の合理性・奇跡論』（国文社、一九八〇年）に収められている）において、救済のためにキリスト者は何を信じればよいか、また何を行なえばよいかという問題を聖書に即して考察した。この考察によって、ロックは聖書の教えが、簡素で理にかなっており、誰にでもわかるものであることを示そうと試みた。その内容に即してみても、また原題に'Reasonableness'（納得のいくこと）という言葉が使われていることを考慮しても、この作品に現代的なタイトルをつけるとすれば、『誰にでもわかるキリスト教』がふさわしいであろう。さて、カルヴァン主義者ジョン・エドワーズは、「イエスはメシヤ（キリスト）である」という命題のみが救済に必要な信仰箇条であるというロックの立場を、「ソッツィーニ主義」ないし「無神論」と呼び激しく非難したが、これに対してロックは二度にわたり『キリスト教の合理性』の弁明を書いた（一六九五年、一六九七年)。さらに、ロックは一七〇一年頃には『聖パウロ書簡の釈義と注解』の準備を本格的に進め、一七〇二年には『奇跡論』の草稿も書いた(これらは、ロックの死後出版された)。第五の領域は、「経済政策」に関わる。すでにロックは一六六八年に利子論に関する草稿を書いていたが、一六九〇年に法定利子率の引き下げ問題が論争された際に、この草稿に手を加えて、法律による強制的な利子率の引き下げに反対する見解を発表した。ロックが擁護したのは、基本的に、利子率は市場の需要と供給によって決定されるべきであるという立場であった。貨幣改鋳問題に関しても、ロックは、貨幣の額面をそのままにして銀含有量を減らすという提案に反対し、削りとられた銀貨の流通を禁止し、削り取られにくい新銀貨を発行して、銀の含有量を基準としてそれを古い銀貨と交換させるべきだとする見解を公表した。これらの見解は、『利子の引き下げ、および貨幣の価値の引き上げの諸結果に関する若干の考察』(一六九一年)や『貨幣価値引き上げに関する再考察』(一六九五年)に見られる(両者は、田中正司・竹本洋訳『利子・貨幣論』(東京大学出版会、一九七八年)に収めてある)。ロックは、単なる政策論争のレベルにとどまらずに、経済活動の統一的把握や、貨幣と価値一般に関する理論的考察を試みている。

以上が一六九〇年以降のロックの知的活動の概略である。ロックの関心の幅広さはこれからも明らかであるが、このうち『知性の正しい導き方』と最も深い関連をもっているのは、第一の「知性」に関する問題領域である。『知性の正しい導き方』は「寛容」や「教育」とも確かに関連するが、やはり第一義的には、それは『人間知性論』の続編である。一六九七年春にロックが『知性の正しい導き方』の草稿を書き始めた時には、彼はそれを独立した論考として出版するつもりはなく、『人間知性論』第四版に新たな一つの章として付け加えるつもりであった。一六九七年四月一〇日付のウィリアム・モリニュー宛の手紙の中で、ロックはその時の様子を次のように伝えている。「最近少し暇ができ、私の本の次の版［＝『人間知性論』第四版、一七〇〇年出版］に向けて、いくらかの追加を考えてみました。数日のうちにある問題に着手したのですが、どこまでこの問題が私を引きずり込んでゆくのか自分でも見当がつきません。数頁書いてみたのですが、進めば進むほど、多くの問題が見えてきて、これがいつ終わるかはまだ少しも見えません。この章のタイトルは、知性の正しい導き方について、となる予定です。これは広範囲に及ぶものと想像しますが、できる限り広く、それにふさわしい仕方でこの問題を探究してゆけば、私の『人間知性論』の最大の章が出来上がるはずです[9]」。この手紙を受け取ったモリニューは、返事の中で「あなたの「知性の正しい導き方」に関する章は、きっと、とても崇高で壮大なものに違いないでしょう」と期待を表明している[10]。しかし、ロックの草稿は予想以上の長さになってしまった。長いだけでなく、ロックはそれを修正して完成させることができなかった。こうして結局、「知性の正しい導き方」は、『人間知性論』第四版に付け加えられずに遺稿集に収められることになったわけである。第四版に追加されたのは、二巻三三章「観念連合について」(Of the Association of Ideas)と四巻一九章「狂信について」(Of Enthusiasm)の二つの章のみであった。

ロックは、一七〇四年一〇月四日付けのキング宛の手紙の中で『知性の正しい導き方』の草稿を手短かに解説している。これはこの作品の性格についてロック自身が行なったほとんど唯一の貴重な証言である。少し長くなるが、ここで引用しておく。

「知性の正しい導き方」の着想が最初に心に浮かんだ時以来、私は、どのように考察を進めたらよいか分からないながらも、それが考慮されるべき大変重要な問題であるとずっと考えてきました。私が見た限りでは、これまでの作品では、この問題の考察は、ほとんど全くと言っていいほどなおざりにされてきたようです。私が草稿として書いたものは、到底［この問題に］ふさわしい論文であると言えるものではありません。私が実際に行なったことと言えば、この点［=知性の導き方］に関する誤りのうち、たまたま私の心に浮かんだものを書きとめ、それに対する治療法として何が考えられるかを示しただけです。この方法ですと、思うような速さで目標にたどり着くことはできないかもしれませんが、やはりこれが、おそらくこの場合にとることのできる唯一の方法でしょう。医学において、医者が病に出会うまでは、それを記述することもできなければ、その治療法を探し求めることもできないのとこれは同じです。ともかく、私が気づいて書きとめた個別的な症例は、自分の知性を導く際の幾つかの過ちに人々の注意を向けるには十分だろうと思いますし、他の過ちがあるかもしれませんが、それについては適切だと思われる仕方で対処すればよいでしょう。というのも、私の書いたものが他の人たちの更なる探究を刺激して、私が行なったよりも完全な仕方で、この問題に対処することもありうるからです。しかし、見出しや節は整えなければいけません。(11)

この引用文中で、ロックは自分の草稿が知性の正しい導き方という問題に「ふさわしい論文」('a just treatise')ではないと断わっている。確かに、それは論じるべき問題をすべて論じたものでもなければ、入念に仕上げられた論文でもない。形式面においても、ロックの草稿は、見出しの重複や論述における反復を含む不完全なものである。しかも、ピーター・キングは、ロックが指示したように「見出しや節」を整えることなく、草稿をそのまま出版してしまったのである(本訳書では、混乱を避けるために、見出しの番号はすべて全集版のそれにあわせて、重複する見出しの後には、(その一)(その二)などと記すことにした)。

しかし、このような不備な点があるにせよ、この作品でロックが何を考察したかは、右の引用が示すように明白である。彼は、「知性」がどのような病に陥りやすいかを診断し、その治療法を示すことによって、各人が自分の知性をどのように使用し管理してゆくべきかを考察したのである。

『知性の正しい導き方』の歴史的位置づけのためには、その草稿に提示された諸見解の形成過程をできる限り正確に復元することが望まれるが、私は今ここでそれを行なうことはできない。しかし、少なくともこの草稿が、『人間知性論』第四版に追加された二つの章とどう関連するかという問題には触れておこう。『知性の正しい導き方』の草稿の大部分は、第四版で追加された二つの章の草稿とともに、現在ボドリアンライブラリーに保管されているMS. Locke e. 1に収められている。『知性の正しい導き方』の草稿はそのpp. 56-260にはいっており、ちょうど「狂信について」の草稿(pp. 2-30)と「観念連合について」の草稿(pp. 30-56)の後に位置して

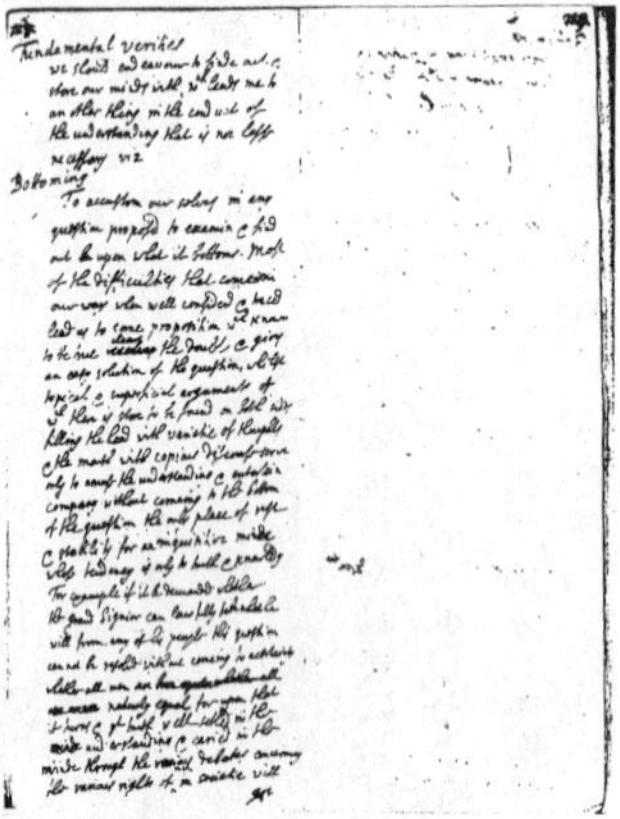

MS. Locke e. 1, p.228
(The Bodleian Library, Oxford)

いる。これら三つの草稿の順序は書かれた時間的順序と一致し、さらに、それらは内容的にも一定の連続性をもっていると思われる。ロックは、すでに一六九四年〔九五年〕三月八日付けのモリニュー宛の手紙で、「狂信について」の考察を何らかの形で『人間知性論』に追加したいと述べている。[12]さらに四月二六日付けのモリニュー宛の手紙では、ロックは、その考察を「しばしば用いられている、推論に関する偽なる原理」の考察として位置づけている。彼は、「宗教ゆえに人々が信奉したところの様々な狂乱した言説を事象記述的に説明することは、私の目的ではありませんし、そうしようとすれば一冊の大部の著作になってしまうのではないかと思います」[13]と述べ、狂信の自然誌ではなく、いわば狂信の論理学を書く意図を表明している。実際、『人間知性論』の「狂信について」の章では、ロックは、一部の人々が「同意」の根拠として用いる「狂信」を取りあげ、これを「理性を脇に押しやり、理性なしに啓示を確立しようとするもの」と定義している。この「狂信」は、ロックによれば、「実際には、理性も啓示も奪いさって、その代わりに人間が自分の頭の中にもっている根拠のない空想を打ち立てて、それを意見と行為の基礎と見なしてしまう」ものである（E. IV. xix. 3）。ロックにとっては、「狂信」は本来「同意」の根拠としてならないものであり、少なくとも、推論の能力としての「理性」を排斥しそれを破壊するものである。次に、もう一つの「観念連合について」の考察を見てみよう。右に挙げた四月二六日付けの手紙の末尾で、すでにロックが、心に影響を与える「諸観念の結合」についての考察を『人間知性論』のラテン語訳に追加したいと述べているが[14]、これからもわかるように、彼は『知性の正しい導き方』の草稿執筆よりもかなり早い時期に、この問題に関してまとまった見解をもっていたようである。『人間知性論』四版二巻三三章「観念連合について」では、ロックは、自然本来の諸観念の結合とは異なり、慣習によって分離しがたくなるタイプの諸観念の結合の事例を考察する。とりわけ彼は、それがある種の「狂気」であって、「理性」の働きによって統制できるものではない点に関心を寄せている(E, II, xxxiii, 1-4, 9, 13)。このようにロックは、『知性の正しい導き方』の草稿を執筆する以前から、『人間知性論』の改訂版を準備しながら、「理性」の健全な働きを阻む諸要因について考察を進めていたのである。

さて、『知性の正しい導き方』の幾つかの節で、ロックは「理性」を健全に働かせるための方法を考察する。「第三節　推論」「第六節　原理」「第七節　数学」「第二〇節　読書」「第二一節　中間原理」などで、彼は「理性」を正しく働かせる方法、つまり正しい「推論」の方法を考察する。これらの節の議論は、「狂信」や「観念連合」の考察と連続しているのであるが、この連続性はともすれば見逃されやすい。なぜなら、「狂信」は「宗教的熱狂」に、また「観念連合」は「狂気」に関連しており、理性や推論とは無関係であるか、あるいは正反対のものであると見なされがちだからである。しかし、すでに見たように、ロックの「狂信」や「観念連合」への関心は、それらが理性の健全な働きを歪め破壊するという点に集約される。他方、「推論」についての考察は、理性の正しい導き方、あるいは理性の健全な働きを確保する方法を扱ったものである。したがって、「狂信」も「観念連合」も「推論」も、すべて理性の健全な働きに対するロックの一貫した関心に支えられたものと言えるのである。現にロックは、『人間知性論』第四版において二つの章を追加した際、「推論」について考察した第四巻第一七章「理性について」の本文にも、かなりの追加を行なっている(E, IV, xvii: ニディッチによる欄外の記載を参照)。また、ロックは本書の第八節で「宗教」を論じる際にも「正しく推論する」ことの意義を説くのであるが、このように一見かけ離れたように見える問題を取り上げる際にも、彼は一貫して「推論」について考察しているのである。さて、この「理性」の働きは、ロックによれば、より包括的な能力としての「知性」の働きとして捉え直すことができる。「知性」は、「思考」あるいは「知覚」を行なう一般的な能力であり、「直観」の能力と推論能力としての「理性」を包摂するものと考えられる。(15) それゆえ、ロックにとっては、「狂信」や「観念連合」は、「知性」が陥りやすい病であるということになる。このように考えれば、ロックが、これら二種の病の記述を『人間知性論』四版の二つの章で行なった後に、他の知性の病を記述しその治療法を考察するという課題に取り組んだこと、つまり『知性の正しい導き方』を書くに至ったことは、極めて自然であったことがわかる。(16)

三 『知性の正しい導き方』を貫く二つのテーマ

『知性の正しい導き方』の背景を知り、その内容の一部分にも触れたところで、次にその内容を正面から眺めてみたい。全体を通してどのようなテーマが登場するかを考察しよう。少なくとも、この作品には二つの大きなテーマがある。第一に、真理探究のためには、〈新しい論理学〉が必要であるというテーマが登場する。第二に、真理探究のためには、自由と公正さという〈知性の倫理〉が必要であるというテーマが登場する。ロックは、〈新しい論理学〉と〈知性の倫理〉の二つを真理探究にとって不可欠なものとして提示する。この解説の冒頭で触れた知性の「自由」は、第二のテーマの重要な部分である。それぞれのテーマについて解説しておこう。

三・一 新しい論理学

『知性の正しい導き方』第一節の末尾でロックは、「心と知性を使用するための、より優れたより完璧な方法を導入することが、ぜひとも必要である」というベーコンの言葉を引用するが、実はロックはこの作品の中で、彼が『人間知性論』で提示した〈新しい論理学〉の構想に触れ、それを発展させようとする。ロックは『人間知性論』四巻七章で、スコラ主義における「公準」の使用が、討論で相手を黙らせたり若干の教育上の価値をもつだけであり、新しい真理の発見や知識の改善には役立たないと批判していた。また同書の四巻一七章「理性について」では、彼は古い論理学、つまりアリストテレス・スコラ主義的な三段論法を批判し、フッカーを引用しながら、「[推論] 技術の正しい補助手段」(right helps of Art: E, IV, xvii, 7) の必要性も説いていた。そのような推論術の補助手段が、『知性の正しい導き方』で考察されるのである。ただし、ロックはこの考察を新たに全面的に展開するわけではない。彼は、『人間知性論』ですでに提示した「推論」についての見解をもとにして、それを適用したり補足したりするのである。したがって、私たちはまず『人間知性論』におけるロックの〈新しい論理学〉の構想を理解し、その後で『知性の正しい導き方』における追加を考察しなければならない(17)。

ロックの〈新しい論理学〉は、正しい「推論」(Reasoning) の手段を提供するものである。しかし、「推論」とは何であるか。これについては二つの点を理解すべきである。第一に、「推論」は、諸観念の一致や不一致を「中間観念」(intermediate Ideas) を媒介として「知覚」する心の働きであるか、あるいは、その一致や不一致を「中間観念」を媒介として「判断力」によって「推定」する心の働きである。第二に、「推論」には、「論証的」知識を生みだす論証的推論と「蓋然的」判断を生みだす蓋然的推論の二種類がある。心が諸観念の一致や不一致を「中間観念」を媒介として「知覚」すれば、これは論証的推論(E, IV, ii, 8; IV, xvii, 15)であり、その結果「論証的知識」が生まれる。他方、心が諸観念の一致や不一致を「中間観念」を媒介として「判断力」によって「推定」すれば、これは「蓋然的推論」(IV, xvii, 16)であり、その結果、蓋然的判断(意見や信念のほか、信仰も含まれる)が形成される。媒介となる中間諸観念は「証明」(IV, ii, 3)と呼ばれる。どちらのタイプの推論も、諸命題の形式的関係やそれを規制する一般規則に依存するものではない。ロックの考える「推論」は、心が諸「観念」の「結合」をどのように「知覚」するか、あるいは「判断」するかに依存する。心が、諸観念をその「内容」に即して絶えず比較しながら、推論は進むのである。したがって、この新しい「非」形式論理学では、諸観念を明晰判明にしておいて中間観念を見つけ出すことが、何よりも重要である(IV, vii, 11; xii, 3, 14; xvii, 10-11, 16)。

まず、論証的推論がどのようなものであるかを考察しよう。ロックが論証的推論の典型として考えたのは、「三角形の内角の和は二直角に等しい」という命題の論証である(E, IV, 1, ii, ix; 2, ii; 13, iii; 15, i; etc.)。そこで、次の図を参考にしながら、ロックが論証的推論

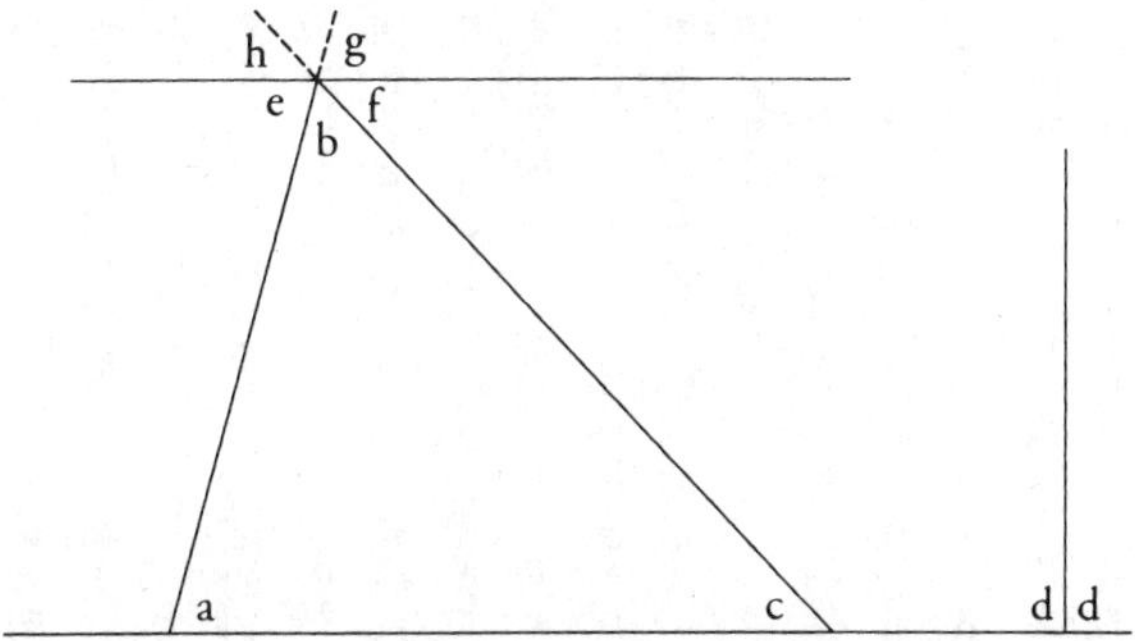

をどのようなものとして捉えたかを解明してみよう⒅。
ロックによれば、人間の心は、三角形の三つの角(a, b, c)の和という観念と二つの直角(d, d)の和という観念を直接比較しても、両者が「一致」することを「知覚」できない。そこで今、三角形の頂点に接し、底辺に対して平行な直線を引いたとしよう。その直線と三角形の頂点が接している所には、角bの左右にeとfという二つの角が出来上がる。さて今、三つの角(e, b, f)の和という観念を作り、これを中間観念として設定したとしよう。ここで心が、観念(a+b+c)とこの中間観念(e+b+f)との一致を知覚すると仮定しよう。すると次に、心は、中間観念(e+b+f)がもう一つの観念(d+d)に一致することを知覚し、最後に、観念(a+b+c)と観念(d+d)という二つの観念が一致することを知覚する。この論証的推論においては、二つの観念が一致という結合関係を作るが、

ロックによれば、三つの結合関係のそれぞれにおいて、二つの観念の一致が「直接」知覚されねばならない。言い換えれば、論証的推論のそれぞれのステップが、「直観的」に知られねばならないのであり、その直観的知識があってはじめて、知識の確実性は論証的推論を通じて確保され、論証的知識が成立するのである（E. IV. ii. 7）。もし論証のあるステップにおいて、二つの観念の結合関係が直接的に知覚されないのであれば、さらに別の中間観念を設定して、別の結合関係を直接知覚できるようにしなければならない。例えば、観念（a+b+c）と中間観念（e+b+f）の一致を直接的に知覚できない場合、角gの観念を中間観念として設定し、角eの観念と角aの観念の一致を知覚することになる。また同様に、角hという中間観念を媒介として、角fの観念と角cの観念との一致を知覚するのである。こうして論証的推論は、中間にある諸観念を媒介として直観的知識を拡大し、確実な知識を増やしてゆく。

このようなロックの論証的推論においては、結論は、前提をなす諸命題の形式や配列から真なる命題として導かれるものではない。「すべての人間は死ぬ」、「ソクラテスは人間である」、「ゆえに、ソクラテスは死ぬ」という形式的三段論法においては、通常、最後の結論が二つの前提から導き出されて、論証が完結すると思われている。しかし、ロックによれば、あらゆる前提が直観的に真であると知られない限り、つまり、前提を構成する諸観念の一致や不一致が直接知覚されない限り、これは決して「論証」とは呼ばれない。さらに、この古い論理形式においては、普遍的ないし一般的な命題（例、「すべての人間は死ぬ」）が少なくとも一つはいっているが、そもそも人間は基本的に個々の特定のものに関して推論するのであり、それに付随して一般的命題を考察するにすぎない（IV, xvii, 8; vii, 9）。したがって、ロックによれば、個々の観念を取りあげて比較し、それらの結合関係を知覚する方法を取るべきなのであって、明晰判明な観念をもつことや、適切な中間観念を探し出すことが重要となるのである。

次に、ロックは蓋然的推論をどのようなものと考えたか。ロックは、論証的推論と蓋然的推論を比較して次のように言う。論証で用いられる諸観念の間には「互いに恒常的で、変更不可能な、明白な結合がある」のに対し、蓋然的推論で用いられる諸観念の間には、「恒常的で変更不可能な結合はなく、少なくともそれは知覚されない」。しかし、後者においては、諸観念の結合は「概して恒常的で変更不可能であったり、それらしく見えるのであり、命題が偽ではなく真である、あるいはその反対である、と判断させるよう心を誘うには十分なのである」（IV, xv, 1）。したがって、ロックによれば、論証が二つの観念の一致や不一致を明白に示すのに対して、「蓋然性は、そのような一致や不一致がありそうに見えることでしかない」（IV, xv, 1）のである。『人間知性論』のその節（IV, xv, 1）の見出しが示すように、「蓋然性は、可謬的な証明に基づき、一致がありそうに見えること」である。ロックは別の箇所でも、蓋然的推論においては、諸観念の一致や不一致は、「両端［に置かれた観念］と確実には一致しないが、通常一致するような、あるいは一致しそうな他の観念を媒介として」「判断されるしかない」（IV, xvii, 16）と述べる。蓋然的推論における中間観念は、「蓋然的な中間項」（IV, xvii, 16）と呼ばれる。ロックは、「信頼できる人物である数学者」が三角形の内角の和が二直角に等しいということを肯定するのを聞いて、それを自分で論証せずに、真なるものと判断して受け容れる人の例を考察する。「同意」(assent) するとは、真であると確実に知っていないにもかかわらず、それを真なるものと判断して受け容れることを意味する。この場合、数学者が肯定した命題に「同意」する人は、数学者が真実を告げているだろうと判断しているのであり、そのような同意を促す原因は、「他の場合における話し手の習慣的な誠実さ、あるいは今この場合に想定されたその人の誠実さ」（IV, xv, 1）なのである。言い換えれば、その数学者が過去においてしばしば真実を語ったことや、現在真実を語っていそうであることが「中間観念」または「証明」となり、それを媒介として、三角形の内角の和の観念と二直角の観念の一致が「ありそうだ」という判断が下されるのである。先の論証的推論が「知識の拡大」に役立ったように、蓋然的推論は、このような仕方で判断を形成し「同意を規制する」（IV, xvii, 2）のである。

蓋然的推論は知識を補うものであり、ロックはその役割を重視する。実際、彼は「推論」が蓋然的推論を含むべきであるという前提に立ったうえで、三段論法が不十分な推論の手段であると論じている（IV. xvii. 5）。この蓋然的推論の一般的根拠として、ロックは二つのものを挙げる。一つは「何かが、私たち自身の知識、観察、経験と合致すること」である。もう一つは「他の人たちの証言」であり、これは「その人たちの観察と経験を保証する」ものである。証言の場合には、証人の「数」、「誠実さ」、「熟練度」、「証言が書物から引かれた場合には、著者の意図」、「話の諸部分や状況の整合性」、「反対の証言」などの諸要素を考慮すべきだとロックは言う（IV. xv. 4）。例えば、誰かが、イングランドで真冬に寒さで凍った水たまりの上を歩く人を見たと言えば、私は自分で直接それを見ていないにもかかわらず、「通常観察される出来事によく合致するので」、この話に明白な疑念が伴わない限りそれを真なるものと見なして受け容れる（IV. xv. 5）。かつて私が氷の上を歩く人を見て、そこから得た諸観念を中間観念とするわけだが、「経験の頻度と恒常性、証言の数と信憑性」（IV. xv. 6）などの要因が、諸観念の結合の仕方を強めたり弱めたりすることになる。蓋然的推論は、直観的な確実性や明証性をもたないがゆえに、様々な状況や要因を全体的に検討して、適切に差し引きして特定の命題を受け容れるかどうか決めねばならない（IV, xv, 5）。ロックは、蓋然的推論がどのような場合にどの程度の真実らしさを確立するかを問い、あらゆる人の観察や経験が一致する場合、個人的な経験が多数の人々の経験と一致する場合、伝承、「類推」、啓示の証言などのケースを考察する（IV, xvi, 6-14）。

長くなったが、以上が『人間知性論』における推論についてのロックの見解の説明である。それでは『知性の正しい導き方』で、ロックはどのようにこの見解を継承し発展させているだろうか。まず彼は、スコラ主義的な「規則」に依存する「論理学」に代えて、「数学」とりわけ「代数学」を採り入れた論理学のプログラムを提案し、「練習と習慣」の役割を重視したうえで、徐々に無理なく知性を訓練すべきだと主張する（四節、六節、七節、二〇節、二八節）。多くの「区別」立てを用いた「討論」に勝つための「論理学」ではなく、ロックは、「明晰判明な観念」（＝「確定された観念」）やそれと結びついた「名前」を用いて、諸観念の「結合」を見てゆく方法を提唱する（五節、九節、一五節、二四節、二九節、三一節）。諸観念の連鎖はしばしば長いものである（六節、七節）だけに、練習の意義は大きい。蓋然的推論については、ロックは『人間知性論』で触れた論点を繰り返し、一つの議論だけでなく、同意と不同意のいずれにもつながるようなすべての議論を検討して全体として判断すべきだと指摘する（六節、七節）。また、蓋然的推論の一種としての

「類推」についても、ロックは考察を追加する（四〇節）。さて、ロックは、『人間知性論』に見られなかった新しい論点も打ち出す。第一に、彼は推論や知識についての見解を「読書」に適用し、いかにして「読書」が知識を拡大する手段となりうるかを述べる。読者は、著者が提示する諸観念の確実な結合や蓋然的な結合を自分自身で知覚することによって、自分の知識を拡大するのである（二四節）。第二に、ロックは、この読書と関連して推論を容易にする手段として新たに「中間原理」（二一節）を提案している。これによって、長い推論の連鎖を全部たどって第一原理にまで遡らなくても推論ができるようにするのである。第三に、ロックは、「喩え」が真理の探究にふさわしい方法ではないことを指摘する（三二節）。「喩え」は、自分の思考を他人にわかりやすく効果的に伝える手段ではあるが、決して真理の代用とされてはならないのである。第四に、ロックは、個別的な諸事実から一般規則を導出する方法（いわゆる「帰納法」）に触れている。ロックは、性急な一般化と個別的事実に執着する態度の両極端を避け、中間に位置する慎重な一般化の方法をとるべきだと言う（一三節、二五節）。『人間知性論』では、彼は自然現象の研究において「蓋然的仮説」を性急に立てることを戒め、個別的な実験を何回も行なうように奨励していた（E, IV, xii, 13）ので、これはその見解を発展させたものと言えよう。もっとも、ロックは「個別的諸事実からの十分にして入念な帰納」（一三節）とか「十分な保証」のある一般規則（二五節）に言及するが、その内容を考察してはいない。ロックは、ベーコンが行なったように帰納法を詳しく考察してはいないし、後にヒュームが鋭く提起した因果的推論の根拠の問題にも触れてもいない。この点から見れば、ロックの新しい論理学は、いまだに萌芽的であり不十分なものであるかもしれない。しかし、以上の説明からわかるように、ロックの『知性の正しい導き方』は真理探究のための新しい論理学を展開したものであり、その限りにおいて、それはベーコンの『ノヴム・オルガヌム』、デカルトの『知性を導くための諸規則』、アルノーとニコルの『論理学、あるいは思考の技術』などの延長線上に位置づけられるのである。

三・二　知性の倫理

次に、第二の〈知性の倫理〉というテーマに移ろう。ロックは、〈新しい論理学〉の構想を主として『人間知性論』で提示し、本書でそれを継承し発展させたのであったが、第二のテーマに関しては事情は逆である。ロックは、以前の著作では〈知性の倫理〉に時おり触れていただけであるが、『知性の正しい導き方』ではこの問題に正面から取り組み、それを詳しく考察するのである。すでに触れたように、この作品は『人間知性論』よりも実践的性格を強くもつものだが、このことは、それが知性の使い方に関わる単なる技術的な問題に終始するということを意味しない。むしろロックは、実際的な提言をしながらも、絶えず「自由」や「公正さ」といった規範や理念に言及する。実際、この観点から作品を読めば、真理を探究するための「知性の正しい導き方」とは、「知性」を「自由」で「公正な」状態に置くこと、あるいは「自由」と「公正さ」を「知性」にもたらすことであると言ってもいい。ロックの『統治二論』第二篇の政治理論においては「自由」と「正義」という二つの価値が重視されるが、これら二つの価値は、「知性の正しい導き方」という別の文脈においても前面に登場するのである。

知性の「自由」という見解は、本書の三節、一二節、一九節、三〇節、三四節、三五節、四一節、四五節に登場する。ここで「知性の自由」とは、各人が「自由自在に」自分の知性を思った通りの対象へと向けることができることを意味するが、同時にそれは、知性が様々な病や束縛「から自由」であることを前提としている。知性の「自主独立」と言った方がわかりやすい。まず、ロックは、一種類の人としか話さず、一種類の本しか読まず、一種類の考えにしか接しないというように知性の対象を限定してはならず、知性を幅広く行使すべきである、と主張する（三節）。知性の対象のこのような拡大は、知性の自由の実質的な拡大を意味する。次に、ロックによれば、「知性の自由」は「理性的被造物にとって必要」であり、それなくしては知性は「真の知性」ではない（一二節）。「理性的被造物」が必要とするこの「知性の自由」は、特定の意見を好むことなく、真理であるがゆえにそれを受け容れるというような「不偏不党」の真理愛がある場合、さらに、諸原理を検討し真理であると判明するまではそれを受け容れない、というような「検討」の姿勢がある場合に成立する（一二節）。ロックはまた、あらゆる領域において観念や知識を探究することの意義を説き、それが知性を「柔軟」にし「思考活動の多様性と自由」を生み、真理の探究に役立つと考える（一九節）。さらに彼は、「さまよう心」を考察し、諸観念の絶え間ない継起を「選択」によって指揮し、「現在の探究に関係のある観念以外はどれも視野に入らないように」する可能性を考え（三〇節）、無知の状態と知性の自由の関連に触れ（三四節）、党派の原理が自由な判断に制約を加えることに言及する（三五節）。またロックは、誰でも「習慣の支配と戦い、習慣の諸原理を調べてみる」べきだと指摘し、「自由」を「別の思考」を行なう力として捉えたうえで、自分たちの原理を自由に検討することの意義を説く（四一節）。最後に、第四五節「思考の方向づけ」では、どうすれば人間が、情念や自然的傾向性によって束縛されずに、自分の知性を思った通りの対象へと向けることができるかが考察される。ここでロックは、『人間知性論』第二巻二一章の「自由」の定義に合致した仕方で、知性の「自由」を定義する。「自分自身の心に完全な支配力をもち、自分自身の思考の完全な支配者となり、ちょうど、いま手にもっている物を降ろし、手が空いたところで、持ちたいと思う物を取り上げるのと同じように、たやすく一つの対象から別の対象へと思考を移動させることができる」ことが、知性の「自由」の最終目標として設定されるのである。情念や自然の傾向性が人間の心に適切な仕方で働くべきことは認めるとしても、やはり「心を常に自由にし、人間の自由な支配統制のもとに置き、その人が指示する対象に対して、指示通りに心が働くようにしておくこと」が「最善」である、とロックは言う。

「知性の自由」が果たす役割は誤解されやすい。すでに触れた〈新しい論理学〉と同じように、これは真理探究の手段である。それゆえ、この知性の自由は、真理探究と対立するような無制約の自由ではなく、真理探究へと向かうための自由である。これが何を意味するかをここで詳しく説明しておこう。「自由」は、ロックによれば、人間が「意志する」ところに従って、特定の「行為」をしたりしなかったりする「力」として定義される（E, II. xxi. 15, 27, 46, 56）。いま問題にしている「知性の自由」は、この定義に即して言えば、人間が意のままに、「知性の行為」をしたりしなかったりする力である、ということになる。ところが、この「知性の行為」(actus intelligendi; the act of understanding) という表現は、ロックが後にファン・リンボルクへの書簡[19]で指摘したように、実は意味が曖昧である。それは「何らかの対象について思考する行為」を意味するとも解釈できるし、あるいは

「何かが真であることを私が知覚する行為」を指すとも解釈できる。ロックの考えでは、前者の意味に解釈すれば、人が知性を一つの対象から別の対象へと意志した通りに向かうことができさえすれば、その知性は「自由である」ことになる。しかし、後者の意味では、「知性」は決して「自由ではない」とされる。例えば、三角形の内角の和が二直角に等しいということが論証されれば、知性はそれを真理として認めざるをえないのであって、それを真理として認めなくてもよいことにはならないからである。[20] 言い換えれば、人間の知性は、その対象を自由に選ぶことができるが、真理の認識に関しては知性は自由にふるまうことはできない、というのがロックの見解である。このような見解は、真理は人間の意志に依存せず、究極的には事物のありように依存するという彼の立場に由来する。この見解は、『人間知性論』でも明確に述べられている。「私たちの知識において**随意的**なものがあるとしても、それは、**私たちの諸能力**のどれか一つを用いるか、あるいは、あれこれの特定の種類の対象からその能力を引き離し、それを用いるのを控えてその分だけ正確に対象を眺めるか、という［選択に関わる］ものでしかない。しかし、その能力が用いられた後では、**私たちの意志**は、**心の知識**をどちらか一つの方向に**決定する力**をもってはいない。その決定は、対象それ自体のみによって、その対象が明晰な仕方で示される限りにおいてなされるのである」(E, IV, xiii, 2)。ここで心の直接の対象は観念であるから、知識は、各人の意志ではなく諸観念の一致や不一致の知覚によって決定されると言ってもよい。確実な知識の場合だけでなく、蓋然的判断を行なう際にも、知性の自由は同じように制約される。「知識が知覚と同じように意志に依存するものではないように、私の考えでは、知識と同じように、同意も私たちの支配下にあるものではない。……十分な検討に基づいて私が最も蓋然的だと見なしたことについては、私は同意することを拒否できないのである」(E, IV, xx, 16)。このようにロックは、知識を論じる場合でも蓋然的判断を論じる場合でも、一方で「知性の自由」を、何らかの対象に知性を向けたり向けなかったりする力として限定的に理解し、他方で、真理の存立根拠を、知性の自由を支える意志の働きとは独立したものとして捉えるのである。従来の解釈者はほとんど注目してこなかったが、実はこの見解はロックが生涯一貫して保持したものである。初期の『世俗権力二論』第一論文で、彼は、「知性と同意に関しては、神が支配権を自らに留保しておられ、好きなように信じたり拒否したりする自由を、人間に委ねるなどということはされなかった」(TRG, 127, 二九)と述べている。もちろん、これは知性を様々な対象に向ける自由を否定する発言ではない。ここでの「神の支配権」の領域は、真理の領域である。「真理」とは、ロックによれば、「本来の意味では、記号が指し示した事物(*Things*)が相互に一致したり一致しなかったりするところに従って、記号を結合したり分離したりしたものにほかならない」(E, IV, v,

2)。すなわち、真なる命題とは、事物相互の一致や不一致に従ったところの、記号(=観念や言葉)の結合体もしくは分離体なのである。ここに明確に述べられているように、真理は「事物」相互の一致や不一致に依存する。観念や言葉の相互の一致や不一致が、事物相互の一致や不一致に対応しているかどうかが、真偽判定の基準である。つまり、ロックは真理の「対応説」をとっているのである。『知性の正しい導き方』でも、ロックはしばしば「事物」(Things)という語を用いて真理探究について語っている(一四節、二四節、二六節、二九節、三一—三三節、三七節、三九節などを参照)。ロックは、知性を全領域で使用してみることが真理の探究にとって有益だと考えるが、それは決して真偽の判定基準を自由に変えてよいということではない。様々な領域での「様々な探究や推論の方法」に従って知性を行使すれば、「心は鋭敏さと用心深さを学び、どの研究においても、対象の特徴や傾向性に応じて、より綿密かつ巧みに自らを適用する柔軟さを獲得[する]」(一九節)のであり、ロックは、このような知性の柔軟さが、事物相互の一致や不一致を発見するのに役立つと考えているのである[21]。

さて、知性を用いる際のもう一つの規範としての「公正さ」については、ロックは何を語っているだろうか。第一〇節の「偏見」、第一四節の「偏向した判断」、第二二節と第二四節の「偏愛」、第一一節、第三四節、第三五節の「不偏不党性」などは、節の見出しから明らかなように、知性を「公正に」用いるべきことを論じている。「偏見」については、ロックは、各人が他人の偏見ではなく自分の偏見を取り除くように努力すべきだと主張し、偏見に支配されているかどうかを判定する目印として、自分の意見に加えられる反論を聞いたり検討したりできるかどうかということを挙げる。このような偏見に負けずに真理を探究するためには、「不偏不党性」を維持しなくてはならない。すでに「自由」の成立条件との関連で触れたが、これは、特定の意見を好むことなく、同じ真理愛を公平につらぬくことを意味する。このような不偏不党の立場を取るならば、「明証性」のみによって真理を探究し、意見を受け容れねばならない。しかも、正統派の見解がどうであるかとか、特定の学派や党派の見解がどうであるかということとは無関係に、事物との一致を基準にして真理を探究しなくてはならない。ロックはまた、利害に敏感な「生来の気質や情念」によって判断を偏向させてはならないと言い（一四節）、一つの立場を支持する議論のみを探し、他の立場を支持する議論は無視する態度が真理の探究にとって有害であると指摘する（一五節）。彼は、全領域で知識を獲得することの意義について語る際にも、それを知性の「自由」のみならず「公正さ」と結びつける。「心に、知的世界の全体を公平かつ平等に眺めさせ」「諸学問の異なる領域を正当に扱［う］」（一九節）ことが重要なのである。「偏愛」については、ロックは、特定の学問分野への偏愛（二二節）、研究方法への偏愛、古代あるいは近代への偏愛、通俗的立場あるいは異端的立場への偏愛、自分の意見と一致する意見への偏愛（以上、二四節）を挙げている。これらは、いずれも真理と虚偽の違いが何に存するかを忘れた態度であるとされる。

このような「公正さ」に関するロックの一連の主張は、言うまでもなく、彼の「真理」の探究へのコミットメントの深さを示すものである。公正な態度で異なる宗教を検討した人間は、無謬性を想定する人間よりも「真理」を発見するのであり（三節）、「偏見」の排除は、「真理と知識」の探究者が最初に細心の注意をして取り組むべきことである（一〇節）。「真理」を発見した場合には、好き嫌いとは無関係にそれを受け容れねばならないが、その時に、真理と虚偽に対して同等の距離をとって「中立性」を標榜することは決して許されない（一二節）。また、「真理」は、利害を求める気質や情念やそれが生みだす偏った判断とは妥協しない「頑固」さをもっており（一四節）、自分の権力や評判などと合致した一つの立場を支える議論だけを探すことは、「真理」の価値を貶めることになる（一五節）。神学の研究をする場合にも、党派の闘争や強制のためでなく「真理愛」をもって行なわなければならない（二三節）。また、古代あるいは近代への偏愛は、「真理」が時間に依存しないことを忘れたものであり、「真理」は大衆のみが発見できるものでもなく、また貴族的エリートの独占物でもない（二四節）。このように、知性使用における「公正さ」は、「真理」の探究と深く密接に結びついている。

ロックが、偏愛や偏向や偏見を真理探究を阻むものとして批判的に考察した背景には、『人間知性論』『寛容についての書簡』『キリスト教の合理性』に対して出された当時の批判や非難の多くが、極めて党派的であり、偏愛に満ちていたという事情があるだろう。少なくとも、ロックは、プロウストやジョン・エドワーズの批判を党派性や偏愛の産物と見なし、スティリングフリートの批判にも強引さや偏狭さを感じていた。実際、偏狭な態度は、宗教や知識の領域において権威を誇示した人々、社会的には有識者と見なされた人々の間に見られたのである。ここでそれを示す一つの出来事に触れておきたい。一七〇三年、ロックがこの世を去る一年前のことである。オックスフォードの諸カレッジの長が集まり、『人間知性論』を学生に読ませることを禁止する決議を出そうとしたのである。[22]『人間知性論』が新しい哲学の書として読まれ始め、そのために大学でのスコラ主義的な論理学の研究が低迷してしまったというのが、それを禁書にする主な理由であった。これは、ロックが主張した「自由」と「公正さ」という〈知性の倫理〉に反するだけでなく、〈新しい論理学〉との衝突をも象徴する事件である。結局、この禁書の動きは消滅した。しかし、ロックが『知性の正しい導き方』を書いた頃には、学問の府や知識人の間にこのような偏狭な態度がはびこっていたことを私たちは想起する必要がある。

以上で『知性の正しい導き方』に登場する二つの大きなテーマを考察した。私はこれら二つのテーマを、この作品を読むためのヒントとして提示しておきたい。このほかにもロックは、知性を正しく導くための提言を幾つも行なっている。それらの提言がどれほど実際的であり、どれほど理にかなったものであるかは、本文を読んでいただければ明らかになるはずである。もちろん、この作品は、『人間知性論』の続編としてばかりでなく、別の角度からも読むことができる。何よりもまず、この作品はロックの思想の最良の入門書として読むことができる。また、この作品は、宗教上の「意見」や党派の「主義主張」に言及し、知性の自由や検討の意義を説き「強制」の不適切さを指摘するがゆえに、「寛容」の問題を考察するのにも有益である。「練習と習慣」の意義を強調する点では、これは明らかに『教育に関する考察』の思想と通底している。ロックの他の著作とは無関係に、この作品を大人のための教育論として読むことも十分可能である。つまり、自立した知性をもちたいと願う大人のための教育論として、これを読むのである。あるいは、デカルトやスピノザの知性改善論と比較してこれを読んでみるのも興味深いかもしれない。思想史研究者であれば、ロック自身が「不偏不党」の立場をどこまで実際に貫き通したかを、当時の神学や宗教論争だけでなく政治思想や経済政策との関連で検証してみる必要もあろう。(23)

読者の方々が、様々な方法で本書を活用し、ロックから学び、ロックの見解を検討し、それを発展させてゆかれることを願う。

四　底本とロックの草稿、および訳文と訳注

底本とロックの草稿について簡単に説明し、訳文と訳注の作成の方針を記しておく。一七〇六年版の『ジョン・ロック氏遺稿集』(の復刻版)を本書の底本として選んだ理由は、そこに収められた「知性の正しい導き方」の本文が、ロック自身の草稿の内容をかなり忠実に再現しているからである。少なくとも、現在までに刊行された本の中では、この版がロックの草稿にもっとも忠実な版のようである(現在までに刊行されたすべての版を直接調べたわけではないので断定することは控えたいが、一七〇六年版のみがロックの草稿に基づいて公刊された版であり、その後の版はすべて直接あるいは間接にこの版に基づくものと思われる)。ロックの草稿には、MS. Locke e. 1と呼ばれる草稿とMS. Locke c. 28という草稿の二種類がある。MS. Locke e. 1は『知性の正しい導き方』の本文のほとんど全部を含んでいるが、MS. Locke c. 28の方は、ロックが後に筆記者に書き写させたわずかの部分、つまり一節、二節、三節、六節後半、七節、八節、およびロックによる第二節への追加の一文(本文訳注(14)参照)を含むだけである。本訳書では、少なくとも、底本と全集版の食い

違いを示す箇所や、解釈に問題が生じる箇所についてはこれらの草稿を参照したが、この作業を進める過程で、一七〇六年版の本文が、句読点や綴り以外の点では、かなり忠実にロックの草稿を復元しているということが判明した。現在でも普及している一八二三年全集版のテクストは、それ以前に刊行された版[24]に基づいているが、編者の判断で句読点を大幅に変え、ときおり語句を入れ替えている。このためロックが伝えようとした意味が正確に伝わっていない箇所がある。全集版の編者は、ロックの草稿を検討することなく、自由に自分の判断で修正を加えたものと思われる。ロックの草稿に基づき厳密な校訂を行なった英語版テクストは、今ようやく準備されつつある。オックスフォード大学出版局が刊行し続けているロック著作集（The Clarendon Edition of the Works of John Locke）の一冊として、'Of the Conduct of the Understanding' の校訂版は刊行される予定である。その編者であるロジャーズ教授（Prof. G. A. J. Rogers）の話では、これは *Drafts for the Essay Concerning Human Understanding and Other Philosophical Writings* の第三巻（vol. 3）として、早ければ二、三年後には刊行される予定だという（現在のところ、このタイトルの第一巻のみが刊行されており、第二巻は一九九九年に刊行される予定である）。

本書の訳出にあたっては、内容的に正確であること、および読みやすい現代的な訳であることの二つを方針とした。ロックの時代の英文を正確に理解するためには OED が不可欠である。本書の訳ではこれを大いに活用した。特定の重要な語が、現代の主要な意味とは異なる意味をもつ場合には、その旨を訳注に記した。ロックの文章の理解と訳文作成において、イヴ・ミショーのフランス語訳（YM、凡例参照）も時おり役に立った。読みやすい現代的な訳が必要であるのは、ロックのこの作品が、細分化された専門領域で仕事をする学者向けに書かれたものではなく、様々な職業についていながらも、空き時間には自分自身の知性で真理を探究し、知識と判断を改善したいと願っている一般読者向けに書かれたものだからである。内容的な正確さと現代的な読みやすさ、という二つの目標のどちらか一方を犠牲にすることのないように訳文を工夫したつもりであるが、どこまで二つを両立させることができたかは、読者の方々に判断していただくほかない。訳者としては十分に注意して訳文を作成したつもりであるが、誤訳や力不足による不適切な表現、思わぬ見落としなどが残っているかもしれない。読者の方々のご叱正を乞う。

訳注は、一般読者だけでなく、研究者、大学院生、学生のニーズをも念頭に置いて、詳しいものを作成した。ロックの他の作品の邦訳を参照する場合のことも考慮して、本書で採用した訳語が既存の邦訳における訳語とどう違うかを示し、また、本書がロックや他の思想家の著作とどう関連するかも随時示しておいた。『知性の正しい導き方』の従来の多くの版は、ほとんど注をつけずに編集されてきたが、実はそのために、この作品はこれまで不十分な仕方でしか理解されてこなかった。この欠陥は、一九世紀末のトマス・ファウラー版（TF、凡例参照）においてやっと改められたが、本訳書では、このファウラー版の精神を引き継ぎ、訳注をさらに増やすことにした。ベーコンとの比較を始めとして、ファウラーの訳注からは多くの有益な情報を得た。訳注や訳文の作成にあたっては多くの文献を用いた[25]。

訳者解説の注

（1）この遺稿集は、「知性の正しい導き方」のほか、次の五つの作品を収めたものである。'An Examination of P. Malebranche's Opinion of Seeing all things in God'; 'A Discourse of Miracles'; 'Part of a Fourth Letter for Toleration'; 'Memoirs relating to the Life of Anthony first Earl of Shaftsbury'; 'His New Method of a Common-Place-Book, written originally in French, and now translated into English'. 本訳書の底本として私が使用した一九九三年復刻版は、この一七〇六年版に収められた「知性の正しい導き方」のテクストをそのまま復刻したものだが、もともとこの遺稿集に付いていた編者序文 'Advertisement to the Reader' を省いている。ただし、その一部分はヨルトンの序文の中で引用されている。

（2）アンソニー・コリンズとピーター・キングの二人が編集したという主張も出されている。例えば、H. O. Christophersen, *A Bibliographical Introduction to the Study of John Locke* (repr.

1968; New York: Burt Franklin, 1930), p. 71; John C. Attig, *The Works of John Locke* (London: Greenwood Press, 1985), p. 118. しかし、私が見た限り、この主張を支持する証拠は出されていない。ジョン・ヨルトンやジーン・ヨルトンは、キングが『ジョン・ロック氏遺稿集』の編者であったと推測している。John Yolton, *A Locke Dictionary* (Oxford: Blackwell Publishers, 1993), pp. 167-168; Jean Yolton, *A Descriptive Bibliography* (Bristol: Thoemmes Press, 1998), pp. 329, 349.

(3) 一七〇六年から一九八五年までに出版された *Of the Conduct of the Understanding* の様々な版については、John C. Attig, *op. cit.*, pp. 118-123, 45-47, 137ff. を参照。Jean Yolton, *op. cit.*, pp. 347-358, 114-120 は、一七九八年までの版を網羅している。

(4) 単行本としての邦訳は今回のものが初めてであるが、雑誌に分載された邦訳は以前にもある。平野耿による邦訳「悟性の導き方について」は、『政治公論』(政治公論社から刊行されたが、現在は廃刊)の第一三号(一九五五年四月)から一九五七年一〇月の号まで、八回にわたって分載された。また、私自身の旧訳「知性の正しい導き方について」は、中部大学女子短期大学紀要『言語文化研究』の第六号(一九九五年)から第九号(一九九八年)まで、四回に分けて掲載された。本書は、この旧訳を修正し大幅な追加を施して出来上がったものである。

(5) ロックの試みの先駆者の一人デカルトは、未完のラテン語論文'Regulae ad directionem ingenii'(「知性を導くための諸規則」)を残した。これは『精神指導の規則』(野田又夫訳、岩波書店)という邦題で知られており、残念ながら「指導」という語を含んでいる。なお、ロックは、デカルトのこの論文を読まなかったようであるが、『方法序説』つまり『理性をよく導き、諸々の学問において真理を探求するための方法序説』は所蔵していた（H&L, no. 2451）。
（6）Alexander Campbell Fraser, *Locke*（Edinburgh and London: William Blackwood and Sons, 1890）, p. 250.
（7）この作品の読者層としてロックが念頭に置いていたのは、当時のイングランド社会において、ある程度経済的に余裕があり、知的活動に時間を割くことのできた人たちである（本書の三節、六節、八節、四一節における、貧しい労働者や時間的余裕への言及を参照）。しかし、ロックの主張は、特定の歴史的状況や社会構造を越えて、自立した知性のあり方に関心を寄せる現代日本の多くの一般読者に対しても意義をもつものと思われる。なお、人間の「自主独立」は、ロックの諸著作で様々な角度から考察される。政治社会における個人の「自主独立」については、『統治二論』全体を参照。経済的な「自主独立」の主張については『統治二論』第二篇第五章や『利子・貨幣論』を、各人の信仰や宗教の「自主独立」については『寛容についての書簡』や『キリスト教の合理性』を、「自主独立」の人間を作るための教育については『教育に関する考察』を、そして知性の「自主独立」については、本書と『人間知性論』を参照のこと。
（8）ジョン・ロックの思想に初めて接する人たちのために、ここで簡単な文献案内をしておきたい。まず、ロックの思想全般に関する入門的概説書がないだろうかと思っている読者のために、三冊の本を紹介しよう。第一は、浜林正夫『ロック』〈イギリス思想叢書 4〉（研究社出版、一九九六年）である。近代イギリスの思想史と名誉革命史を研究してこられた浜林氏の手によるロック概説書である。ロックの思想の多面性とその歴史的背景がわかりやすく、かなり詳しく書いてある。日本語で読めるロックの伝記はまだないが、本書はその代役も果たしてくれるだろう。ロックの思想の解説としては、同書は知識論よりも、政治思想と宗教思想の方により大きなウェイトを置いている。第二は、松永澄夫責任編集『哲学の歴史 6 知識・経験・啓蒙』第三版（中央公論新社、二〇〇八年）の第二章「ロック」（八四—一六二頁）である。これは私（下川潔）が執筆した。一般読者向けにロックの生涯と時代背景をコンパクトに解説し、主要三著作である『人間知性論』、『寛容についての書簡』、『統治二論』の思想内容を解説し、批判的コメントも加えたものであり、さらには他の思想領域をも概観しようと試みた（その点で、とても欲張りな）入門的概説である。全体としてロックの基本思想を自主独立の思想として捉える立場に立っているため、『知性の正しい導き方』とあわせて読めば、これは有益ではないかと思う。また、『哲学の歴史 6』には、「コラム 寛容」（一六三—一六七頁）というロック寛容思想と現代における寛容をつなぐ論考もはいっており、巻末には、ロックの思想を研究したい人のための重要文献表もついている。第三は、野田又夫『ロック』（人類の知的遺産 36）（講談社、一九八五年）である。ただし、これは現在絶版となっているため、公共の図書館で借りるなどして読まざるをえないだろう。ほかにも入門的概説書がないわけではない。しかし、田中・浜林・平井・鎌井共著『ロック』（人と思想シリーズ）（清水書院、一九六八年）は、安価で便利ではあるものの、内容が古くなりすぎている。ジョン・ダン著、加藤節訳『ジョン・ロック』（岩波書店、一九八七年）は、曖昧さと偏った解釈が混在しているところがあり、初心者にはあまりお奨めできない。

右に紹介した書物は、あくまでロックの思想を理解するための一つのマップとして利用すべきものである。入門的概説書は一冊か二冊あればよい。それをマップがわりにときおり見ながら、あるいはまったく見なくてもかまわないので、とにかく実際にロックの著作を読み始めることがもっとも重要である。ロックの思想を理解するためには、彼の著作を丹念に読むことが不可欠である（間違っても、ロック自身の著作を読まずして、入門的概説書から、いきなり多数存在するロックの研究書へと手を伸ばすことはしないでほしい）。そこで、何を読むか、あるいは何から読むかが問題になる。もちろん、これは読者の関心にしたがって決めればよい。ただロックの場合には、右にあげた主要三著作のうちのどれか一冊から始めることができれば、ロックへの関心が長期的に持続する可能性がある。そのように事が運べば理想的であろうから、三つの著作に限定して話を進めよう。

もし読者が、知識や観念に関する次のような問い――知識は生まれながらに私たちの心に刻み込まれているのか、私たちは知識の構成要素である観念をどうやって入手するのか、観念と言葉とはどうつながっているのか、確実な知識と蓋然的な判断はどう区別されるのか、といった問い――に関心をもっているのであれば、大槻春彦訳『人間知性論』（一）―（四）（岩波書店、一九七二―七七年）を手にとり、関連しそうな箇所を探して読めばよい。『人間知性論』が教科書で紹介される際には、人間の心は「白紙」もしくは「タブラ・ラーサ」であるとか、経験論を唱えたということがごく簡単に述べられるだけで、詳しい説明は省略されてしまうことが多い。実際には、ロックはもっと多くのことを語っている。とりわけ重要なのは、この書物が「知性」という知的能力の限界を設定しているという点である。つまり、この本でロックは、「知性」が何を知り、何を判断することができるか、逆にまた、何を知り何を判断することができないかを解明したのであり、その意味で、これは知性批判の書なのである。

次に、別の読者は、宗教的寛容に関する次のような問い——なぜ国家権力は個人の宗教的関心事に介入してはいけないのか、なぜ信教の自由は認められねばならないのか、信教の自由はどこまで許されるべきか、といった問い——に関心をもつかもしれない。その場合には、生松敬三訳「寛容についての書簡」、大槻春彦責任編集『ロック・ヒューム』〈世界の名著〉二七巻（中央公論社、一九六八年）所収を読むのがよい。この生松訳は、ロックがラテン語で書いた『寛容についての書簡』のポプル英訳版に基づいており、そのために、厳密に言えばロック自身の主張と異なる要素も若干入り込んでいる。しかし、本書で言及した平野訳（ラテン語・日本語対訳）は入手が困難であり、図書館へ行ってもすぐに見つかるとは限らない。ロックの議論の大筋を追うには生松訳が十分役に立つし、生松訳はとても読みやすい名訳でもあるので、ここでお奨めしたいと思う。残念なことに、世界の名著シリーズも、後の中公バックス版も、ともに絶版となってしまったので、古書店もしくは図書館を活用するしかない。

さて、『寛容についての書簡』は、寛容思想の古典であるだけでなく、政治権力の限界を設定した書物でもある。この書は、なぜ政治権力が、世俗の善きもの、つまり各人のプロパティ

（生命・自由・財産）を保全するという役割を越えて、魂の配慮や救済へと手を伸ばしてはならないのかを説明する。その意味でこの書は、政治権力がどう発生し、何を目的とし、どこまで及ぶかという問いに答えようとしたロックの『統治二論』とともに、政治権力の限界を設定し、自由主義政治哲学の基本原理を提供する。先に『人間知性論』が知性批判の書だと言ったが、『寛容についての書簡』と『統治二論』は、ともに政治権力批判の書であり、これら主要三著作は、ロックの三批判書なのである。

そこで第三に、読者は、宗教と政治の境界設定という問題を離れて、政治権力の起源や目的や範囲に関心を寄せ、人間の自然の権利について、あるいは財産所有権の起源と根拠、同意や信託の役割、抵抗権、人民主権論、立憲主義などについて理論的に考察したいと思うかもしれない。そういう場合には、加藤節訳『完訳　統治二論』（岩波書店、二〇一〇年）の後篇の頁をめくり、関連箇所を探して読んでほしい。自由と平等、基本的人権と自由主義と民主主義にかかわるいくつもの重要な原則が、そこには述べられている。また、『統治二論』の前篇は、王権神授説と家父長権論によって絶対王政を擁護したロバート・フィルマーへの批判であるが、私たちはそこから絶対権力と権力の恣意的行使がいかに擁護されえないかを学ぶことができる。日本国憲法と基本的人権を破壊しようとする保守反動勢力の危険な動きを憂慮する市民にとって、『統治二論』は必読の書である。

哲学や思想をその深みにおいてとらえるには、邦訳だけでなく原典がやはり必要になる。本書でE, TOL, TTという記号をつけて紹介した著作を同一の版で入手するのは困難かもしれないが、その代わりにお奨めできるのが次の三つのペーパーバック版である――Peter Nidditch (ed.) *An Essay concerning Human Understanding* (Oxford: OUP, 1979); James H. Tully (ed.), *A Letter concerning Toleration* (Indianapolis: Hackett, 1983); Peter Laslett (ed.), *Two Treatises of Government*, student edition (Cambridge: CUP, 1988). これらは、現在容易に入手でき、かつ最も信頼できるペーパーバック版である。最後の二点については、Kindle 版も用意されている。

以上の三著作以外にも、それぞれの読者が、各自の関心に従って、本書で触れた他のロックの著作（例えば、『教育に関する考察』や『キリスト教の合理性』）を読んでほしいと思う。ここで再び強調しておくが、本書『知性の正しい導き方』は、ロックの思想への最良の入門書である。したがって、本書を一回目とは違う仕方で、もう一度読み直してみるのも有益だろう。何を読むにしても、学者の言葉を鵜呑みにして反復し「学識ある無知」を増やすのではなく、読者の皆さんが自らの知性を自ら適切に導いて、新しい実験的な読み、創造的で批判的な読みを実践してほしい。

最後に、ここでは邦語研究文献や海外の研究文献には一切触れないが、ロックの思想に関する研究文献の量は膨大である。関心のある読者は、『哲学の歴史 6』の巻末のロック文献紹介を読んで基本情報を得て、その後でコンピュータ上で日々更新されている John Attig の本格的なロック研究文献一覧、'John Locke Resources' (http://www.libraries.psu.edu/tas/locke/) を眺めてみるのがよい。そうすれば、現代ロック研究がどれほどの広がりと深さをもっているかがわかるはずである。

（9）*The Correspondence of John Locke*, VI, ed. E. S. de Beer (Oxford: OUP, 1981), letter no. 2243, p. 87. なお、MS. Locke e. 1, p. 62 には、「知性の正しい導き方」が『人間知性論』の「第四巻、二〇章」であると記されている。しかし、第四巻にさらに「一九章　狂信について」が追加されたことを考えれば、おそらく「知性の正しい導き方」は、「第四巻、二一章」として最終章の「諸学の区分」の前に置かれるはずのものだったのではないかと思われる。

（10）*ibid.*, letter no. 2262, p. 123.

（11）*The Correspondence of John Locke*, VIII, ed. E. S. de Beer (Oxford: OUP, 1989), letter no. 3647, pp. 413f. 一七〇六年版の遺稿集の編者序文には、この書簡から引用がなされている。

（12）*The Correspondence of John Locke*, V, ed. E. S. de Beer (Oxford: OUP, 1979), letter no. 1857, p. 287.

（13）*ibid.*, letter no. 1887, p. 352.

（14）*ibid.*, p. 353.

（15）「理性」と「知性」の関係については、本書の訳注（32）を参照。

（16）本書の第四一節「観念連合」が、『人間知性論』の「観念連合について」と連続しているのは明白である。ただし、第四一節冒頭でロックが述べているように、『人間知性論』では「観念連合」の事象記述が目的であるのに対し、『知性の正しい導き方』ではその「治療法」の考察が試みられる。

(17) ロックの『人間知性論』における論理学の構想についての歴史的研究は少ない。ロックの論理学を「能力論理学」(facultative logic) として捉えて、その背景と影響を論じたものとしては、James G. Buickerood, 'The Natural History of the Understanding: Locke and the Rise of Facultative Logic in the Eighteenth Century', *History and Philosophy of Logic*, 6 (1985), pp. 157-190がある。ただし、この論文は、推論の種類や性格を解明したものではない。『人間知性論』を「論理学」の書として位置づけることに関しては、*An Essay Concerning Human Understanding* (Indianapolis: Hackett Publishing Co., 1996), abridged and edited by Kenneth Winkler の 'Editor's Introduction' (pp. ix ff.) や、Kenneth Winkler, 'Lockean logic', in Peter R. Anstey (ed.), *The Philosophy of John Locke: New Perspectives* (London: Routledge, 2003) も有益である。

(18) ここでの図解は、David Owen, 'Locke on Reason, Probable Reasoning, and Opinion', *The Locke Newsletter*, No. 24 (1993), ed. Roland Hall に負っている。ただし、部分的には私が手を加えた。

(19) *The Correspondence of John Locke*, VII, ed. E. S. de Beer (Oxford: OUP, 1982), letter no. 3192, pp. 680f.

(20) *ibid.*, p. 681.

(21) この段落で述べた知性の自由と真理探究の関連については、従来ほとんど研究がなされてこなかった。数少ない関連文献として、J. A. Passmore, 'Locke and the Ethics of Belief,

Proceedings of the British Academy (1978), pp. 185-208; reprinted in Vere Chappell (ed.), *Locke* 〈Oxford Readings in Philosophy Series〉 (Oxford: OUP, 1998), pp. 279-299 や Nicholas Wolterstorff, *John Locke and the Ethics of Belief* (Cambridge: CUP, 1996), chap. 1 がある。ただし、私がここで述べた見解は、これら既存の文献とは独立したものである。

(22) この出来事については、Cranston, *John Locke: A Bibliography*, (repr., 1985; Oxford: OUP, 1957), pp. 466-469 を参照。

(23) 例えば、ロックは交易植民局の仕事として、一六九六年に、イングランド毛織物工業の保護のために、アイルランドの毛織物工業を抑制しそこでのリネン工業を奨励する政策文書を書き、また一六九七年に、貧民を労働させ税負担層の負担を軽減するために救貧法改正案を書いている。前者は、H. R. Fox Bourne, *The Life of John Locke* (New York: Harper & Brothers, 1876), vol. 2, pp. 363-372 に所収。後者は、*ibid.*, pp. 377-391 及び Mark Goldie (ed.), *Locke: Political Essays* (Cambridge: CUP, 1997) に 'An Essay on the Poor Law (1697)' として所収。これらの政策的文書は、しばしば党派的であるとか階級的であると言われる。ロックが「人間」の自主独立を擁護したのか、それとも「イングランド人」や「有産者階級のメンバー」の自主独立を擁護したのかが具体的な形で問われるだけに、この点は検証されるべきである。このような角度からロックを批判的に検討した一つの重要な試みとして、三浦永光『ジョン・ロックの市民的世界』(未來社、一九九七年)一三九―一五一、七七―八七頁がある。

(24) Attig, *op. cit.*, pp. 45-46 によれば、一八二三年の全集版のテクストは、一七九三年版の『人間知性論』に合体された'A treatise on the conduct of the understanding'のようであるが、このテクストが誰によって編集されたのかはわからない（Jean Yolton, *op. cit.*, pp. 114-116にも記されていない）。

(25) 訳文や訳注の作成にあたって参照した文献のうち、凡例、略記号表、訳注、訳者解説の注において書名を挙げなかったものは次の通りである。

John William Adamson, 'Of the Conduct of the Understanding', *The Educational Writings of John Locke*, 2nd ed. (Cambridge: CUP, 1922).

J. A. St. John (ed.), 'Of the Conduct of the Understanding', *The Philosophical Works of John Locke*, vol. I (London: G. Bell and Sons, 1916).

（以上二つの版は、他の多くの版と異なり、若干の編者注がついている。以下は、主として辞典類である。）

Simon Blackburn, *The Oxford Dictionary of Philosophy* (Oxford: OUP, 1994).

John Cottingham, *A Descartes Dictionary* (Oxford: Blackwell Publishers, 1993).

Paul Edwards (ed.), *The Encyclopedia of Philosophy*, vols. 1-8 (New York: Macmillan & the Free Press, 1967).

P. G. W. Glare (ed.), *Oxford Latin Dictionary* (Oxford: OUP, 1992).

C. T. Lewis (ed.), *Elementary Latin Dictionary* (Oxford: OUP, 1995).

P. Long, *A Summary Catalogue of the Lovelace Collection of the Papers of John Locke in the Bodleian Library* (Oxford: Printed for the Library at the University Press, 1959).
F. P. Wilson & J. Wilson, *The Oxford Dictionary of English Proverbs*, 3rd ed. (Oxford: OUP, 1970).
Oxford Compendium 3.0 on CD-ROM (Oxford: OUP, 1997).
The Oxford Dictionary of Quotations, 3rd ed. (Oxford: OUP, 1989).
Webster's New Biographical Dictionary (Springfield, Mass.: Merriam-Webster, 1983).
Webster's New Geographical Dictionary (Springfield, Mass.: Merriam-Webster, 1984).
井上義昌編『英米故事伝説辞典　増補版』（冨山房、一九八八年）。
大塚高信・高瀬省三編『英語ことわざ辞典』（三省堂、一九九五年）。
田中正司・平野耿編『ジョン・ロック研究』（御茶の水書房、一九八〇年）。
林達夫ほか監修『哲学事典』（平凡社、一九七一年）。
廣松渉ほか編『岩波　哲学・思想事典』（岩波書店、一九九八年）。
『世界大百科事典』（平凡社、一九八八年）。
『仏和大辞典』（白水社、一九八六年）。

訳者あとがき

この翻訳を仕上げるにあたってお世話になった方々に、ここでお礼を申し上げたい。東洋大学の平野耿先生は、訳業の初期の段階から私に励ましの言葉を与えて下さった。平野先生は、四〇年以上も前にこの作品の翻訳を試み、その成果を雑誌に分載されたことがあるが、ちょうど私が翻訳を進めている時にご自分でも改訳を試みておられた。私たちはそれぞれ異なる方針で独立に翻訳を進めたが、ワープロ原稿を交換し意見を述べあったこともある。この場を借りて平野先生に厚くお礼を申し上げたい。また、貴重な資料と情報を提供して下さったオランダのユトレヒト大学のポール・スフュルマン（Paul Schuurman）氏と、助言をして下さった英国キール大学のG・A・J・ロジャーズ（Rogers）教授に感謝したい。いまだに公刊されたことのないロックの草稿の一部分を本書に採り入れることができたのも、MS. Locke e. 1とMS. Locke c. 28を入念に検討しておられるスフュルマン氏のご厚意とご協力があったからである。資料面では、草稿のマイクロフィルムを提供して下さったオックスフォード大学のボドリアンライブラリー（the Bodleian Library）のスタッフの方々や、一七〇六年版『ジョン・ロック氏遺稿集』の利用の便をはかって下さった関西学院大学図書館の方々にお世話になった。草稿からの引用と転載を許可して下さったボドリアンライブラリーのパトリシア・バッキンガム (Patricia Buckingham) 氏にも感謝する。

私の翻訳原稿を読んで出版を勧めて下さった幾人かの日本のロック研究者の方々、とりわけ、御茶の水書房を紹介して下さった日本イギリス哲学会の田中正司先生には心からお礼を申し上げたい。最後に、本書の出版を引き受けて下さった御茶の水書房の橋本盛作社長と、編集・校正の労をお取りいただいた同社編集部の方々に感謝申し上げげる。

下川　潔

一九九八年一二月

本書の出版にあたっては、中部大学出版助成の交付を受けた。

文庫版訳者あとがき

旧版『知性の正しい導き方』（御茶の水書房、一九九九年）は、出版されて二年も経たないうちに品切れになってしまった。その後、幾人かの読者の方がネット上でリクエスト復刊希望図書としてこの本の書名をあげてくださったこともあった。また、研究会で知り合った若い研究者から増刷の可能性について尋ねられたこともあった。何とかできないものかと私も感じていたが、そうこうしているうちに一〇年以上の月日が経過してしまった。そのような経緯があったため、このたび筑摩書房編集局の田所健太郎氏から文庫化のお誘いを受けたときには、私は即座に「ぜひ、そうしたいです」とお答えした。

今回の文庫版は、旧版をそのまま復刻したものではない。旧版の誤植、表記上の誤り、テニヲハ的な文章の不備をなくしたのはもちろんだが、現時点で読み直してみて修正が必要だと思われる箇所には、正確さと読みやすさを重視するという旧版の訳出方針に従って、適宜、修正を加えた。修正箇所の大半は細かい字句の訂正にかかわるものであるが、比較的大きな修正を加えた箇所も幾つかある。

そこで、その比較的大きな修正について手短かに述べておきたい。まず、本文「二〇節読書」第一段落で、原文の一文が訳文に反映されずに脱落していたので、本書ではその一文の訳を追加した（八七—八八頁の「しかし、……起きるのです。」という文がそれである）。さらに、三四節、四二節、四五節などでも、原文の意味をより正確に伝えるために訳文に手を入れた。凡例、訳注、訳者解説の注では、最新の研究成果を反映させるために文献情報を更新した。例えば、訳注（79）で、参考文献として私の著書（二〇〇〇年）をあげているが、これは旧版の訳注であげた私の論文（一九九八年）に代わるものである。文献情報だけでなく、新しい研究成果を取り入れて訳注の内容を修正した箇所もある。訳注（203）の第三段落における「自然哲学の基礎」についての説明は、近年の海外での研究成果を取り入れたものであり、旧版の訳注における説明を訂正し補足したものである。最後に、三〇六—三一二頁の「訳者解説」の注（8）がある。この注では、ロックの思想に初めて接する人たちのための文献案内を書いたが、これは旧版の注（8）の文献案内を全面的に書き改めたもので、本書の注のうちで最も長いものとなっている。その理由は、訳者が知的関心をもった誠実な読者を想定しながら、その種の読者のために、内容的に充実した新しいスタイルの文献案内を提供したいと考えたからである。読んでいただければ幸いである。

読者の便宜のために加えたこれらの修正とは異なり、本書では一カ所だけ、訂正が必要であるにもかかわらず、あえて旧版の記述に変更を加えずに、それをそのまま歴史的記録として保存した箇所がある。「訳者解説」の終わりの方（三〇二頁）で、私はロックの草稿にもとづいて厳密な校訂を行った英語版 'Of the Conduct of the Understanding' に言及し、それがクラレンドン版ロック著作集の一冊 *Drafts for the Essay Concerning Human Understanding and Other Philosophical Writings*, vol. 3 として、「早ければ、二、三年後には刊行される予定」と述べている。しかし、その後の経過をここで報告しておくならば、この校訂版は、諸般の事情によって、いまだに出版されていない。私の友人 Paul Schuurman（現在、オランダ、ロッテルダムのエラスムス大学に所属）が教えてくれた最新の情報によれば、かつての編者 G. A. J. Rogers に代わって、Paul Schuurman と Jonathan Walmsley の二人が校訂版の新しい編者となって、John Locke, *Of the Conduct of the Understanding and Other Writings on Philosophy*, edited by Paul Schuurman and Jonathan Walmsley（Oxford: OUP）の刊行に向けて、現在も編集作業を進めているとのことである。実は、すでに Paul Schuurman は、'Of the Conduct of the Understanding'（「知性の正しい導き方」）の編集作業を終えてしまったのだが、ロックの他の作品も同じ巻に入れるために、もう一人の編者 Walmsley がそちらの編集作業を続けており、それが終わるのにまだ多くの時間がかかりそうだという。

文庫版と旧版との違いについては、これくらいにしておこう。ともかく、ジョン・ロックの『知性の正しい導き方』が、このような形で〈ちくま学芸文庫〉の一冊として刊行されることは、訳者にとって大きな喜びである。この小さな書物が、私たち一人ひとりの知性を健全に育てるのに少しでも役立つことを私は願っている。ロックが取り上げているテーマは、実際的具体的であるだけでなく普遍的でもある。本書の内容は時代と国境を越えて、現代日本に生きる私たちにも大いに参考になると思う。ロックと私たちとをつなぐ一つの接点として、「訳者解説」の二（二七六―二八〇頁）で述べたことをここで改めて提示しておこう。『知性の正しい導き方』の草稿は、「狂信」についての草稿と、「狂気」の一種として捉えられた「観念連合」の草稿のすぐ後に置かれている。つまり、ロックは狂信や狂気と戦いながら、知性を正しく導く方法を探求したということである。さて、過去から現代に至るまで、世界中には政治的、宗教的なものをはじめとして、さまざまな種類の狂信の実例がある。しばしば国家や集団は、人々を狂信や熱狂で煽りながら、あるいは自らもそれに煽られながら、人間を殺害し、人間の自由を奪い、人間の尊厳を傷つける。しかも狂信は、残虐な行為を平然と行なわせ、これを正当化し、称賛すらする。現代日本に生きる私たちは、いかなる種類の狂信に直面しても、その狂信と戦いながら、自分自身の知性を正しく導く方法を探求し、それを開発し続けねばならないだろう。知性は大切に育てなければ、狂信の餌食となってしまうからである。本書は、少なくとも、そのためのヒントを提供してくれると思う。

最後に、弱い視力しかもたない訳者を校正段階で大いに助けてくださり、適切な助言を与えて下さった田所健太郎氏に、心から御礼を申し上げたい。

訳者　下川　潔

二〇一五年一月

ラ　行

ナ　行

ハ　行

マ　行

ヤ　行

タ行

サ　行

索　引

ア　行

カ　行

本書は一九九九年三月、御茶の水書房より刊行された。

なお、本文中に現代の人権意識に照らして不適切と思われる表現があるが、刊行時の時代背景等を考慮し、そのままとした。

私たちはどう生きるべきか

ピーター・シンガー
山内友三郎監訳

社会の10％の人が倫理的に生きれば、政府が行う社会変革よりもずっと大きな力となる――環境・動物保護の第一人者が、現代に生きる意味を鋭く問う。

自然権と歴史

レオ・シュトラウス
塚崎智／石崎嘉彦訳

自然権の否定こそが現代の深刻なニヒリズムをもたらした。古代ギリシアから近代に至る思想史を大胆に読み直し、自然権論の復権をはかる20世紀の名著。

悲劇の死

ジョージ・スタイナー
喜志哲雄／蜂谷昭雄訳

現実の「悲劇」性が世界をおおい尽くしたとき、劇形式としての悲劇は死を迎えた。二〇世紀の悲惨を目のあたりにして描く、壮大な文明批評。

哲学ファンタジー

レイモンド・スマリヤン
高橋昌一郎訳

論理学の鬼才が、軽妙な語り口ながら、切れ味抜群の思考法で哲学から論理学まで広く論じた対話篇。哲学することの魅力を堪能しつつ、思考を鍛える！

反解釈

スーザン・ソンタグ
高橋康也他訳

《解釈》を偏重する在来の批評に対し、《形式》を感受する官能美学の必要性をとき、理性や合理主義に対する感性の復権を唱えたマニフェスト。

言葉にのって

ジャック・デリダ
林好雄／森本和夫／本間邦雄訳

自らの生涯をたどり直しながら、現象学やマルクスとの関係、嘘、赦し、歓待などのテーマについて肉声で語った、デリダ思想の到達点。本邦初訳。

声と現象

ジャック・デリダ
林好雄訳

フッサール『論理学研究』の綿密な読解を通して、「脱構築」「痕跡」「差延」「代補」「エクリチュール」など、デリダ思想の中心的〝操作子〟を生み出す。

省察

ルネ・デカルト
山田弘明訳

徹底した懐疑の積み重ねから、確実な知識を探り世界を証明づける。哲学入門者が最初に読むべき、近代哲学の源泉たる一冊。詳細な解説付新訳。

哲学原理

ルネ・デカルト
山田弘明／吉田健太郎／久保田進一／岩佐宣明訳・注解

『省察』刊行後、その知のすべてが記された本書は、デカルト形而上学の最終形態といえる。第一部の新訳と解題・詳細な解説を付す決定版。

方法序説
ルネ・デカルト
山田弘明訳
「私は考える、ゆえに私はある」。近代以降すべての哲学は、この言葉で始まった。世界中で最も読まれている哲学書の完訳。平明な徹底解説付。

公衆とその諸問題
ジョン・デューイ
阿部齊訳
大衆社会の到来とともに公共性の成立基盤は衰退した。民主主義は再建可能か？　プラグマティズムの代表的思想家がこの難問を考究する。（宇野重規）

旧体制と大革命
A・ド・トクヴィル
小山勉訳
中央集権の確立、パリ一極集中、そして平等を自由に優先させる精神構造――フランス革命の成果は、実は旧体制の時代にすでに用意されていた。

ニーチェ
G・ドゥルーズ
湯浅博雄訳
〈力〉とは差異にこそその本質を有している――ニーチェのテキストを再解釈し、尖鋭なポスト構造主義的イメージを提出した、入門的な小論考。

ヒューム
G・ドゥルーズ／アンドレ・クレソン
合田正人訳
ロックとともにイギリス経験論の祖とあおがれる哲学者の思想を、二〇世紀に興る現象学的世界観の先どり、《生成》の哲学の嚆矢と位置づける。

カントの批判哲学
G・ドゥルーズ
國分功一郎訳
近代哲学を再構築してきたドゥルーズが、三批判書を追いつつカントの読み直しを図る。ドゥルーズ哲学が形成される契機となった一冊。新訳。

スペクタクルの社会
ギー・ドゥボール
木下誠訳
状況主義――「五月革命」の起爆剤のひとつとなった芸術＝思想運動――の理論的支柱で、最も急進的かつトータルな現代消費社会批判の書。

ニーチェの手紙
茂木健一郎編・解説
塚越敏／眞田収一郎訳
哲学の全歴史を一新させた偉人が、思いを寄せる女性に綴った真情溢れる言葉から、手紙に残した名句まで――書簡から哲学者の真の人間像と思想に迫る。

存在と時間　上・下
M・ハイデッガー
細谷貞雄訳
哲学の根本課題、存在の問題を、現存在としての人間の時間性の視界から解明した大著。刊行時すでに哲学の古典と称された20世紀の記念碑的著作。

「ヒューマニズム」について
M・ハイデッガー
渡邊二郎訳
『存在と時間』から二〇年、沈黙を破った哲学者の後期の思想の精髄。「人間」ではなく「存在の真理」の思索を促す、書簡体による存在論入門。

ドストエフスキーの詩学
ミハイル・バフチン
望月哲男／鈴木淳一訳
ドストエフスキーの画期性とは何か？《ポリフォニー論》と《カーニバル論》という、魅力にみちた二視点を提起した先駆的著作。（望月哲男）

表徴の帝国
ロラン・バルト
宗左近訳
「日本」の風物・慣習に感嘆しつつもそれらを〈零度〉に解体し、詩的素材としてエクリチュールとシーニュについての思想を展開させたエッセイ集。

エッフェル塔
ロラン・バルト
宗左近／諸田和治訳
伊藤俊治図版監修
塔によって触発される表徴を次々に展開させることで、その創造力を自在に操る、バルト独自の構造主義的思考の原形。解説・貴重図版多数併載。

エクリチュールの零度
ロラン・バルト
森本和夫／林好雄訳註
哲学・文学・言語学など、現代思想の幅広い分野に怖るべき影響を与え続けているバルトの理論的主著。詳註を付した新訳決定版。（林好雄）

映像の修辞学
ロラン・バルト
蓮實重彥／杉本紀子訳
イメージは意味の極限である。広告写真や報道写真、そして映画におけるメッセージの記号を読み解き、意味を探り、自在に語る魅惑の映像論集。

ロラン・バルト 中国旅行ノート
ロラン・バルト
桑田光平訳
一九七四年、毛沢東政権下の中国を訪れたバルトの旅行の記録。それは書かれなかった中国版「記号の国」への覚書だった。新草稿、本邦初訳。（小林康夫）

ロラン・バルト モード論集
ロラン・バルト
山田登世子編訳
エスプリの弾けるエッセイから、初期の金字塔『モードの体系』に至る記号学的モード研究まで。初期のバルトの才気が光るモード論考集。オリジナル編集・新訳。

エロスの涙
ジョルジュ・バタイユ
森本和夫訳
エロティシズムは禁忌と侵犯の中にこそあり、それは死と切り離すことができない。二百数十点の図版で構成されたバタイユの遺著。（林好雄）

ちくま学芸文庫

知性《ちせい》の正《ただ》しい導《みちび》き方《かた》

二〇一五年三月十日　第一刷発行

著　者　ジョン・ロック

訳　者　下川潔（しもかわ・きよし）

発行者　熊沢敏之

発行所　株式会社　筑摩書房

東京都台東区蔵前二―五―三　〒一一一―八七五五

振替〇〇一六〇―八―四一二三

装幀者　安野光雅

印刷所　三松堂印刷株式会社

製本所　三松堂印刷株式会社

乱丁・落丁本の場合は、左記宛にご送付下さい。

送料小社負担でお取り替えいたします。

ご注文・お問い合わせも左記へお願いします。

筑摩書房サービスセンター

埼玉県さいたま市北区櫛引町二―六〇四　〒三三一―八五〇七

電話番号　〇四八―六五一―〇〇五三

ISBN978-4-480-09658-6　C0110